知识就在得到

A Comprehensive Mirror to Aid in Government

Series.IV

资治通鉴

第四辑 汉家隆盛 ②

熊逸版

熊逸 著

Xiong Yi Edition

新 星 出 版 社 NEW STAR PRESS

目录

第二册

汉纪八

孝景皇帝下

——汉景帝前三年

汉纪八

公元前 154 年至公元前 141 年

孝景皇帝下

汉景帝前三年

022
七国之乱有什么端倪

原文：

起强圉大渊献，尽上章困敦，凡十四年。

这一讲进入《资治通鉴》新的一卷，第十六卷，时间从汉景帝前三年（前 154 年）开始。

小见失言

原文：

（前三年）

冬，十月，梁王来朝。时上未置太子，与梁王宴饮，

从容言曰："千秋万岁后传于王。"王辞谢，虽知非至言，然心内喜；太后亦然。詹事窦婴引卮酒进上曰："天下者，高祖之天下，父子相传，汉之约也；上何以得传梁王！"太后由此憎婴；婴因病免。太后除婴门籍，不得朝请。梁王以此益骄。

冬十月，梁孝王刘武到长安朝见天子，本该是相亲相爱的一家人关起门来喝酒吃饭的好日子，没想到正是因为关系太近，感情太深，一句轻率的话成了扎在每个人心底的一根刺，随着时间的推移，这根刺越扎越深。

汉景帝当时还没立太子，在酒桌上喝开心了，说将来要把皇位传给刘武。刘武嘴上推辞，心里却乐开了花，窦太后也暗自开心。哪里想到担任詹事的窦婴忽然义正词严地泼冷水，说天下是高祖的天下，父子相传是汉家的规矩，景帝怎么可以坏了规矩，把皇位私相授受呢？这话实在没法反驳，但窦太后因此恨透了窦婴，借口窦婴有病，免了他的职，还注销了他出入宫禁的通行证，取消了他定期朝见皇帝和太后的资格。至于刘武，从此就更加心高气傲，不可一世了。

有一个问题：汉景帝设个家宴，怎么会有外人在旁边插话呢？其实，窦婴算不得外人，他是窦太后的堂侄，属于外戚阵营的一员，只是血缘有点远。文帝时期，窦婴做过吴王刘濞的国相，因病去职，景帝登基之后，窦婴被授予了詹事职位。（《史记·魏其武安侯列传》）詹事不是政务官，而是宫廷官，算是为太后、太子服务的大总管。窦太后挑中窦婴当詹事，就像大户人家的老太太在不近不远的穷亲戚里挑个管家一样。窦婴正是因为有了外戚身份，所以才有“朝请”的资格，定期朝见皇帝和太后。窦太后不但免了窦婴的官，还取消了窦婴的朝请资格，相当于不认他这门亲戚了，可见被窦婴气到了什么程度。

那么，梁孝王在新年伊始到长安朝见，汉景帝为什么只是简单摆了场家宴呢？这就要介绍一下补写《史记》的褚少孙了。褚少孙生活在西汉宣帝、元帝、成帝时代，做过博士官，很熟悉本朝的典章制度。他为《史记》补写的内容虽然不如司马迁原作那样跌宕起伏、扣人心弦，但优点在于能把一些制度问题交代清楚。比如，褚少孙补写的《梁孝王世家》讲明了汉朝诸侯王朝见天子的规矩：总共见面四次，刚到的时候是所谓“小见”，顾名思义，小规模，非正式，相当于在皇帝的内宅里办场家宴；然后在新年第一天正式朝见，称为“法见”；三天之后，皇帝设宴款待诸侯王，赏赐金钱财物；又过两天，诸侯王再一次入宫

“小见”。前后不超过二十天。(《史记·梁孝王世家》)

不立太子

让汉景帝严重失言的这次宴会，显然就是某一场“小见”。通过这场“小见”，我们发现了一件非常奇怪的事，那就是景帝迟迟不立太子。

对照一下汉文帝。文帝前元年（前179年），也就是文帝正式登基的第一年，才一开春，有关部门就正式提案，请文帝早立太子。文帝假惺惺地推脱了一阵，有关部门假惺惺地拿大道理压了文帝一阵，然后文帝就赶紧把刘启立为太子、窦氏夫人立为皇后——皇帝的家庭班底就这样整整齐齐了。[1]

立太子和立皇后都属于国本问题，早定早安心，早定早稳定，汉景帝偏偏一拖再拖。前一年，景帝同时分封了六名皇子为诸侯。这六名皇子当中，河间王刘德和临江王刘阏都是栗姬生的，他们还有一个同母所生的哥哥，名叫刘荣。按说一母同胞的三兄弟，没道理封两个弟弟为王，却唯独漏掉哥哥。乍看上去，刘荣之所以没跟两个弟弟一起封王，应该是等着当太

1 详见《资治通鉴熊逸版》（第三辑）第214讲。

子呢。但问题是，栗姬并不是皇后。所以，刘荣就算在景帝所有儿子当中年纪最大，也只是庶长子，并不是第一顺位继承人。但偏偏皇后至今没能生出儿子，又不受宠，所以太子的位置到底会怎么安排，一直悬而未决，想象空间很大，也容易让野心家生出下注押宝的心思。(《史记·外戚世家》) 大胆想象一下，景帝有可能存了将来立刘荣为太子的心，这就意味着栗姬将有机会取代现任皇后，届时免不了会有一场激烈的宫斗戏。

我们从后面的事情推断，景帝似乎并不太喜欢栗姬和刘荣，但问题是，人之常情，对儿子再不喜欢，毕竟也是亲生骨肉，对兄弟再喜欢，也很难像对儿子一样包容。景帝最后即便放弃了刘荣，也不乏其他儿子可选。然而，窦太后的心态就不一样了。她出身平民，头脑里没有那么多嫡长子继承制之类的条条框框，看着汉景帝和梁孝王，一个是大儿子，一个是小儿子，手心手背都是肉。如果小儿子可以做皇储，这真的是窦太后最满意的结果。

灾异天象

原文：

春，正月，乙巳，赦。

长星出西方。

洛阳东宫灾。

无论汉景帝是不是一时失言，无论窦太后生了多大的气，天下似乎一派祥和，没有什么烦心事。但《资治通鉴》接下来的记载是：春正月乙巳日，发布赦令；彗星出现在西方天空；洛阳东宫发生火灾。这又是彗星，又是火灾，把上一年就很浓郁的阴霾渲染得更加浓郁了。发布赦令也不知道是因为什么，特别让人读不懂。

这要怪司马光没能理顺时间线。这一年的春正月，正是吴王刘濞联合其他几个诸侯王兴兵作乱的时间，“七国之乱”就此爆发。汉景帝发布赦令，应该和这件事有关。关于灾异的记载，照例出自《史记·孝景本纪》，把山雨欲来、大厦将倾的气氛烘托到了极致，可信度有多高就不好说了。

怎么突然就爆发了“七国之乱”呢？事情发生得其实一点都不突然，只不过《资治通鉴》直到这时候才开始从各个角度展开追叙，交代事情的起因。

六博之争

原文：

初，孝文时，吴太子入见，得侍皇太子饮、博。吴太子博争道，不恭；皇太子引博局提吴太子，杀之。遣其丧归葬，至吴，吴王愠曰："天下同宗，死长安即葬长安，何必来葬为！"复遣丧之长安葬。吴王由此稍失藩臣之礼，称疾不朝。京师知其以子故，系治、验问吴使者。吴王恐，始有反谋。后使人为秋请，文帝复问之，使者对曰："王实不病；汉系治使者数辈，吴王恐，以故遂称病。夫'察见渊中鱼不祥'，唯上弃前过，与之更始。"于是文帝乃赦吴使者，归之，而赐吴王几杖，老，不朝。吴得释其罪，谋亦益解。然其居国，以铜、盐故，百姓无赋；卒践更，辄予平贾；岁时存问茂材，赏赐闾里；他郡国吏欲来捕亡人者，公共禁弗予。如此者四十余年。

汉文帝在位的时候，吴国太子刘贤进京朝见。当时还是太子的刘启陪着刘贤喝酒，玩一种叫作六博的游戏。秦汉年间，六博的流行度很高，玩法有一点赌博性质。两个人玩着玩着就玩出了矛盾。刘贤贵为大国太子，很嚣张，不服气；刘启贵为皇太子，更嚣张，更不服气。冲动之下，刘启竟然失手用六博游戏的棋盘把刘贤砸死了。事情很大，但刘启毕竟是皇太子，杀了人也就杀了。文帝安排人好好地将刘贤的尸体送回吴国。吴王刘濞是个狠人，发话说："都是刘家人，死在长安就葬在长安好了，何必送到吴国安葬？"就这样，棺椁原路返回，刘贤真的就被葬在了长安。

杀子之仇没法化解。刘濞怄了气，从此就不大遵守诸侯王该守的规矩了，推说有病，再也不去长安朝见。朝廷当然不傻。既然刘濞不守规矩，朝廷就逮捕了吴国使者，严加查问。看起来，汉文帝似乎有心试探吴国的底线。刘濞有点紧张，生出了谋反的心思。

后来刘濞做出了小小的让步，虽然继续称病，但好歹派了代表到长安，替自己履行朝见天子的义务。文帝亲自查问这位使者，使者半真半假地回答说："我们吴王其实没病，只是因为朝廷先前好几次逮捕、审讯吴国使者，吴王被吓到了，这才装病不来。"使者还搬出了一句谚语："察见渊中鱼不祥。"意思是，人的眼神如果太好，连深渊里的鱼都看得见，这非但不是超能力，反而会给自己带来灾祸。统治者千万不要明察秋毫，只有适度地装聋作哑，才能换来君臣之间的相安无事。这个意见，文帝还真听进去了。于是，文帝赦免吴国使者，赐给吴王刘濞茶几和拐杖，说朝廷体谅他年老，特别批准他不用进京朝见。这样一来，刘濞原本绷紧的神经就松弛下来了。

刘濞的实力

刘濞是刘邦二哥的儿子。刘邦讨伐黥布的时候，刘濞年方二十，是个敢打敢拼的壮小伙，以骑兵将领的身份立了功。第三辑里讲过，黥布之乱的平定，意味着原属黥布的淮南国需要重新安排，但需要重新安排的不只淮南一国——黥布当初击杀了荆王刘贾，所以荆国同样需要一位新王。刘贾没有子嗣，刘邦便将荆国改为吴国，立刘濞为吴王。[1] 刘邦之所以要把吴国封给刘濞这个侄子，而不是封给亲生儿子，《史记》有交代：吴地民风剽悍，必须有年富力强的诸侯王才镇得住这个地方，而皇子们都还太小，刘濞是最好的也是唯一的选择。完成了封王程序之后，刘邦看着刘濞的面相，越看越后悔，说刘濞有反相，五十年后在东南地区造反的人估计就是他了。(《史记 · 吴王濞列传》)

当然，这类怪力乱神的论调应该只是后人的附会，

1 详见《资治通鉴熊逸版》（第三辑）第 168 讲。

但其中有一条关键信息：刘濞受封为吴王时就已经成年，等熬到汉景帝登基，刘濞已经在吴国经营了大约四十年时间，不可不谓树大根深。而当初汉文帝登基时，摆出高姿态不肯立太子，说辞就是："楚王刘交是我的叔父，吴王刘濞是我的兄长，淮南王刘长是我的弟弟，都有继承资格。如果不从这几位当中遴选，非要立我的亲生儿子为太子，世人一定认为我不懂得举贤任能，只偏袒亲生骨肉，对天下不负责任。"[1]虽然这只是虚情假意的场面话，但刘濞的资历和威望可见一斑。

现在，刘濞年纪已经大了。在几十年的经营之后，吴国的人力、物力和士气都有资格和朝廷一拼了。

1 详见《资治通鉴熊逸版》（第三辑）第214讲。

023

晁错的削藩跟贾谊有什么不同

吴国的底气

吴国是个大国，国内资源丰富，既有铜矿可以铸钱，又有广阔的海滨可以煮盐，有点像今天阿拉伯地带的石油国家。只凭铜盐之利，吴国就富得流油，因此吴王刘濞有十足的资本来建设一个前所未有的福利国家。吴国百姓被免除了所有赋税，甚至连劳役和兵役都可以免，由吴国官方出钱以市场价雇人代劳。刘濞还年年慰问国内贤人，赏赐百姓。

这样的一个人间天堂，别处的人当然很想移民过来。但在当时的政策下，移民就意味着脱离原有的户籍，属于严重的违法行为。想移民的人只有偷渡这一条路，而每当偷渡客原户籍所在地的政府官吏到吴国要人，刘濞一概不予配合。不难想见，四十多年发展下来，吴国一定人丁兴旺，经济繁荣，老百姓也都对刘濞感恩戴德。

通过刘濞治理吴国的手段，我们可以领略一下，为什么虽然“百代都行秦政法”，但呼唤封建制的声音始终不绝于耳。正因为深知自己经营的吴国不但是自己的家业，也是子子孙孙的家业，所以刘濞每一步都要慎重考虑长远利益，而不会像郡县制下的地方官那样，由于只有几年任期，所以一上任就劈头盖脸搞个“三把火”出来，只要能在短期之内出政绩，完全不介意杀鸡取卵，至于鸡的死活，留给下一任长官操心就好。

在刘濞的这些政策里，如果非要挑毛病的话，那就是收容五湖四海的偷渡客这一项了。这显然违反了汉帝国编户齐民的基本国策。然而，中央政府如果拿这个罪状去质问吴国，其实不太容易张口，因为“近者悦，远者来”一向都是善政的标准。人家把自己的国家治理成人间天堂，本国老百姓开开心心，外国老百姓削尖脑袋也想投奔过去，这不正是《诗经》里说的“逝将去女（汝），适彼乐土。乐土乐土，爰得我所”吗？这种现象，反而是那些偷渡客原籍所在的郡县和诸侯国才应该深刻反省。更何况，汉文帝前十二年（前 168 年），文帝就已经下诏“除关无用传”，允许人口自由流动了。这才是人间正道。

《说景帝削藩书》

然而，时代变了。晁错这个刺头登上了政治舞台的中央，大声疾呼：“削藩！”削藩就是削除诸侯王的封国，要么削减面积，要么整个撤销。

晁错和当年的贾谊可不一样。当年汉文帝赏识贾谊，要提拔他，但老臣们不高兴。他们一来看不惯年轻人青云直上，和自己平起平坐；二来怕年轻人头脑发热，瞎折腾。文帝没办法，只能把贾谊外放出去。而晁错所在的景帝朝万象更新，老臣只剩下一个申屠嘉，不久前还被晁错活活气死了，所以再没人能拦着晁错上位。

原文：

晁错数上书言吴过，可削；文帝宽，不忍罚，以此吴日益横。及帝即位，错说上曰：“昔高帝初定天下，昆弟少，诸子弱，大封同姓，齐七十余城，楚四十余城，吴五十余城，封三庶孽，分天下半。

晁错上位之后，撸胳膊，挽袖子，准备改天换地。早在文帝时代，晁错还只是太子属官，就曾多次向文帝上书，挑吴王刘濞的毛病。他建议削除刘濞的封国，但没有被文帝采纳。等到景帝一即位，晁错便老调重弹。他追溯历史渊源，说刘邦当年平定天下，苦于兄弟太少，儿子太小，才不得不把血缘较远的刘家人封为大国诸侯。刘肥是妾生的，却受封齐国七十余城；刘交是刘邦同父异母的弟弟，却受封楚国四十余城；刘濞只是刘邦的侄子，却受封吴国五十余城。晁错总结道："封三庶孽，分天下半。"这句话有很强的感情色彩，天下的一半土地竟然都被这三个血统不纯的家伙分走了。仔细揣摩一下，他的这段话有三层含义：

第一，当时之所以这样分封，纯属特殊情况之下的不得已，只是权宜之计，现在应该改弦更张了。

第二，这三大诸侯国天然就缺乏血统正当性，削藩可以获得民意支持。

第三，血缘远、规模大、国力强的诸侯国非但不是汉帝国的藩篱和屏障，反而是汉帝国潜在的敌人。所以，不管这些诸侯王是好是坏，有没有犯错，都有必要赶紧搞掉他们。

其实这样的念头汉文帝早就有了，也早就付诸实施了。只不过在文帝时代，文帝最不放心的是齐王刘肥的后人，也就是刘襄、刘章、刘兴居这三兄弟，所以文帝小心翼翼地分割齐国，后来又平定了刘兴居的叛乱。到了景帝时代，齐国已经被碎片化，不足为虑，最大的威胁变成了吴国。

原文：

今吴王前有太子之郤，诈称病不朝，于古法当诛。文帝弗忍，因赐几杖，德至厚，当改过自新；反益骄溢，即山铸钱，煮海水为盐，诱天下亡人谋作乱。今削之亦反，不削亦反。削之，其反亟，祸小；不削，反迟，祸大。”

晁错对汉景帝的上书，着力点主要在吴王刘濞身上，说刘濞当年因为太子之死一直装病，不肯进京朝见，放在古时候这就是死罪啊。文帝宽宏大量，而刘濞非但不领情，反而越发骄横了，又是铸钱，又是煮盐，引诱天下脱离户籍的人跑到吴国，这分明就是准备造反。如今削除他的封地，他肯定造反，但不削，他一样会造反，或迟或早而已。这样一算账，长痛不如短痛，削藩这件事越早着手越好。

后人为晁错这份奏疏拟了一个标题：《说景帝削藩书》。

削藩的两种方式

站在后人的角度来看，我们会觉得晁错的奏疏很在理，因为晁错的目的是维护汉帝国的统一，尽早消除分裂的隐患。不然，如果任由大国诸侯发展下去，汉朝难免变成另一个战国。现代人之所以很容易这样想，是因为“大一统”在今天已经成为共识了。然而，晁错的同时代人未必会这么想。他们最正常的想法是，晁错这是发什么疯？要学秦始皇吗？削藩不是不可以，但只有像贾谊那样“众建诸侯而少其力”——通过增设更多的诸侯，把诸侯国越切越碎，从而削弱他们的权力——才是人间正道。封建制一定要有，不然和暴秦就没什么区别了。只不过，在合理的政治架构内，大到足以和中央政府分庭抗礼的诸侯国不该存在。

早在周代，这种观念就已经成为政治共识，一言以蔽之：物不能两大。在继承人问题上，嫡长子最大，其他儿子都必须矮他一头。在后宫问题上，妻子只能有一个，其他女人都必须矮她一头。在城市建设上，首都必须最大，其他城市无论多重要，也必须小它一号。总之，不管哪个方面，都要明确体现出这个原则，不如此则不安全。

在诸侯国的问题上，诸侯国必须要有，而汉帝国的历史遗留问题是诸侯国的规模有点大，那么解决方案就应该是切分，就好比把一块肉切成几块，再把肉块剁成肉片，再把肉片切成肉丝，再把肉丝剁成肉馅。

整个过程不但是渐进的，而且被包裹在孝道的糖衣里，潜滋暗长。

晁错的削藩方案就不一样了，不是渐进的，而是激进的，要的是手起刀落，快刀斩乱麻。具体怎么操作呢？晁错建议去给诸侯王挑毛病，只要揪出了他们的毛病，就有了整治他们的名目，削减他们的封地就顺理成章了。

原文：

上令公卿、列侯、宗室杂议，莫敢难；独窦婴争之，由此与错有郤。

及楚王戊来朝，错因言："戊往年为薄太后服，私奸服舍，请诛之。"诏赦，削东海郡。

兹事体大。景帝召开高层会议商讨，但没人敢提反对意见，只有窦婴一个人和晁错争辩。这样一来，公务变成了私怨，两个人就这么结下了梁子。这件事发生在窦婴免职之前。朝廷重臣们之所以默不作声，并不是因为他们支持晁错，而是因为强弱关系变了——朝廷里再也没有够分量的元老来制衡皇帝了，而晁错又是皇帝最信任、最倚重的人——明眼人没道理自讨没趣。

晁错迅速行动起来。他趁楚王刘戊进京朝见，抓住了他之前为薄太后服丧期间和女人鬼混，行为不端的罪名。这是死罪。当然，刘戊不会真的被杀。这类事情的标准操作是：臣下以死罪的罪名对目标人物发起弹劾，皇帝法外开恩，赦免死罪，降格处罚。景帝对楚王刘戊的降格处罚，是没收了楚国的东海郡。

刘戊是第三代楚王。先前刘邦分封诸侯，让韩信做了楚王。擒获韩信之后，他将楚国改封给自己同父异母的弟弟，谥号楚元王的刘交。刘交死后，继位的是楚夷王刘郢客。这父子两人都很爱读书，对《诗经》很有研究。[1] 刘郢客拜托自己的好同学申公当太子刘戊的老师，但刘戊完全没遗传祖父和父亲的读书精神，相当厌学，也不太拿老师当回事。后来刘戊和刘濞勾结，申公当然要劝阻，没想到刘戊对申公下了狠手。关于这件事，《史记》和《汉书》的记载不太一样，学者们的解释也不太一样。简单讲，刘戊对申公和另一位老师白生动了刑，还让他们穿着赭红色的囚服在市场上最热闹的地方舂米。读书人最在乎的就是脸面，刘戊这一手，比直接杀了他们还狠。(《史记·儒林列传》《汉书·楚元王传》)

1 详见《资治通鉴熊逸版》(第三辑)第190讲。

从申公和白生的遭遇可以看出，第三代楚王刘戊绝不是什么善男信女，难怪会被晁错抓住把柄。刘戊被削夺了东海郡，怎么看都算罪有应得。但诸侯王们很快发现，罪状只是借口，朝廷这一次是明火执仗地要削藩，接下来，诸侯国会挨个儿遭殃。

024

刘濞和刘印是怎么结成联盟的

原文：

及前年，赵王有罪，削其常山郡；胶西王印以卖爵事有奸，削其六县。

赵王刘遂被判了一个不知道是什么的罪名，削去了常山郡，胶西王刘印在出卖爵位的事情上有舞弊行为，被削去六个县。朝廷里正在商量，准备对吴王刘濞下手了。

简单盘点一下这几位受害者：楚王刘戊是个不折不扣的不肖子，一点都没继承祖父刘交和父亲刘郢客的知书达理。至于赵王刘遂，他在汉文帝登基之后立刻就受了封。当时刘遂还只是个小孩子，之所以受封为赵王，是因为他的父亲、前任赵王刘友是吕氏专权的直接受害人，被囚禁起来活活饿死了。刘友的死足以激发人们的普遍同情。文帝立刘友之子为赵王，很聪明地传达出一个政治信号：吕后专政时期做过的那些坏事会被一一清算，蒙冤受屈的人会被平反昭雪。[1]

刘遂受封的第二年，汉文帝又封刘遂的弟弟刘辟彊为河间王。看上去汉文帝好像特别心疼这两个孩子，但实际上，河间原本就在赵国境内，文帝等于慷刘遂之慨，将赵国一分为二。刘辟彊死后，儿子刘福继位，在位仅一年就死了，没有子嗣，河间国因此被收归朝廷。前文讲过，汉景帝前二年（前155年）分封诸皇子，封刘德为河间王。[2]刘德这个河间国相当于是从赵王刘遂手里几经辗转拿过来的。刘遂如果因此对汉景帝有恨意，倒也算得上人之常情。

回想当初，汉文帝其实对刘遂毫无感情，封他为赵王，只是利用他的身份做个政治姿态，为自己稀里糊涂的登基涂抹一点正当性的光晕。至于刘遂本人，小小年纪就父母双亡：父亲是被母亲害死的，而母亲因为姓吕，新政权也没有留她的活口。所以，刘遂身边的“家长”就只有朝廷派来的国相和太傅。国相和太傅有没有尽到教养责任，刘遂到底对他们怀有怎样的感情，我们很快就能看到。

1 详见《资治通鉴熊逸版》（第三辑）第211讲。

2 详见前文第020讲。

瓜分齐国

介绍完了赵王刘遂，我们再看胶西王刘印。他的这条线说起来就有点复杂了，我们简单梳理一下。刘印受封的胶西国原本是齐国的一部分。齐国是当年刘邦封给庶子刘肥的关东第一大国，也就是晁错所谓的“封三庶孽，分天下半”。所以，刘邦才过世不久，吕后就对齐国心生忌惮，甚至对刘肥下毒。

齐国疆域太广，实力太强，地理位置太重要，齐国王族也最容易滋生野心和怨恨。第二代齐王刘襄萌生了篡权称帝的想法，在两个好兄弟刘章和刘兴居的协助下准备里应外合，成就大业，却没想到被老一辈的大臣联手狠狠摆了一道，让汉文帝捡了一个落地桃子。因此，汉文帝在主政之初最焦心的就是齐国。结果，汉文帝的运气就是这么好，逾年改元的第一年，齐王刘襄自己死了。刘襄死后，谥号齐哀王，太子刘则继位。文帝充分利用了这个时机，封刘章为城阳王、刘兴居为济北王。乍看上去，文帝对刘襄三兄弟很大方，其实他是慷第三代齐王刘则之慨，封给刘章、刘兴居的地盘都是从齐国版图上划分出来的。[1]

1 详见《资治通鉴熊逸版》（第三辑）第219讲。

汉文帝的好运气接二连三，才封完刘章、刘兴居兄弟，刘章就死了，由儿子刘喜继位。没过多久，刘兴居发动叛乱，兵败自杀，济北国被撤销，变成了汉政府直辖的济北郡。[1]就这样过了十几年，第三代齐王刘则终于英年早逝，而最让汉文帝喜上眉梢的是，刘则没有留下子嗣。但朝廷如果就这样把齐国吞掉，吃相未免太过难看，汉文帝应该是想起了贾谊的策略，趁机把齐国一分为六。[2]这六位新王全都是第一代齐王刘肥的儿子，分别是齐王刘将闾、济北王刘志、济南王刘辟光、菑川王刘贤、胶西王刘卬和胶东王刘雄渠。再加上刘章之子——第二代城阳王刘喜，一共七个诸侯王。(《史记·齐悼惠王世家》) 在汉文帝细腻的刀工之下，即便这七王同气连枝，把七个诸侯国凑拢起来，地盘也赶不上当年刘肥时代的齐国。

我们需要留意一处细节：如果从第一代齐王刘肥开始，正常把王位传承下去，那么传到第三代刘则，就算绝嗣了。即便皇帝恩准，从刘肥的子孙当中替刘则选定一名继承人，齐王也只有一个。刘将闾、刘志、刘辟光等人最多只能享受侯爵待遇，这辈子都和王位

1 详见《资治通鉴熊逸版》（第三辑）第 227 讲。

2 详见前文第 011 讲。

无缘。文帝开恩，让他们都当了诸侯王，就算国土小、实力弱，好歹也让他们实现了以前不敢想的人生跃迁。他们对汉文帝和汉帝国的中央政府就算不感恩戴德，至少也不该有什么深仇大恨，对皇位更不该有什么觊觎之心。即便他们产生了造反的念头，战斗意志也不会有多么坚定。再者，他们受封时间短，统治基础还不够牢固，远不能和吴王刘濞相提并论。就算他们真有坚定的战斗意志，也不会有太强的战斗力。因此，在即将爆发的“七国之乱”当中，真正既有战斗意志，又有战斗实力的诸侯，其实只有吴王刘濞一个。

濞印结盟

原文：

廷臣方议削吴。吴王恐削地无已，因发谋举事；念诸侯无足与计者，闻胶西王勇，好兵，诸侯皆畏惮之，于是使中大夫应高口说胶西王曰：“今者，主上任用邪臣，听信谗贼，侵削诸侯，诛罚良重，日以益甚。语有之曰：‘狧糠及米。’吴与胶西，知名诸侯也，一时见察，不得安肆矣。吴王身有内疾，不能朝请二十余年，常患见疑，无以自白，胁肩累足，犹惧不见释。窃闻大王以爵事有过。所闻诸侯削地，罪不至此；此恐不止削地而已！”王曰：“有之。子将奈何？”高曰：“吴王自以为与大王同忧，愿因时循理，弃躯以除患于天下，意亦可乎？”胶西王瞿然骇曰：“寡人何敢如是！主上虽急，固有死耳，安得不事！”高曰：“御史大夫晁错，营惑天子，侵夺诸侯，诸侯皆有背叛之意，人事极矣。彗星出，蝗虫起，此万世一时；而愁劳，圣人所以起也。吴王内以晁错为诛，外从大王后车，方洋天下，所向者降，所指者下，莫敢不服。大王诚幸而许之一言，则吴王率楚王略函谷关，守荥阳、敖仓之粟，距汉兵，治次舍，须大王。大王幸而临之，则天下可并，两主分割，不亦可乎！”王曰：“善！”

刘濞知道削藩马上就要落到自己头上，除了造反，怕是没有别的办法了。而既然要造反，那就赶紧搞结盟吧。结盟的事情似乎很好办，毕竟晁错的削藩政策相当于揪着一个个诸侯王一刀刀割肉，不但很犯众怒，而且搞得人心惶惶——忍着疼挨完一刀，还要时刻担心第二刀、第三刀什么时候割下来。因此，只要吴王刘濞带个头，组建一个削藩受害者大联盟应该不难。但刘濞还是发愁，因为在这些诸侯王里很难挑出一两个靠谱的人。

可供刘濞选择的盟友们都是什么情况，前文已经介绍过了，所以，刘濞能有这个判断，说明他的头脑足够清醒。但无论如何，盟友还是要找。哪怕是猪队友，只要能帮忙起哄，壮大声势也好。想想韩信当年指挥乌合之众以少胜多，打出了传奇的背水之战，刘濞手里的牌到底要比韩信好得多。

为了结盟，刘濞只能在矮子里拔将军，相中了胶西王刘卬。因为在齐地诸王当中，刘卬最为勇武，还是个军事迷，其他诸王都怕他几分。于是刘濞派出使者，出于谨慎，连书信都没有。使者到了胶西国之后，和刘卬进行了一场很有《战国策》风格的对话，抛出的条件是：事成之后，吴王刘濞和胶西王刘卬分割天下。

原文：

归，报吴王，吴王犹恐其不果，乃身自为使者，至胶西面约之。

刘濞做事很稳妥，虽然通过使者的回报知道了刘卬的态度，但还是亲自走了一趟胶西国，当面和刘卬结盟。

这一段路大约相当于今天从江浙到山东。在常规状态下，无论是刘濞的使者还是刘濞本人，都很难离开国境走那么远。因为汉朝实行郡国制，每个诸侯国只能和中央政府单线联系，彼此之间不许交头接耳。刘濞之所以做得到，有两个原因：一是他在吴国的统治时间长，压得住中央派来的官员；二是前些年汉文帝“除关无用传”，让跨境通行变得容易多了。因此不难想见，等“七国之乱”平息以后，汉景帝马上就会废除“除关无用传”这一政策，让关卡和渡口重新对流动人员严加盘查。

群臣劝谏

原文：

胶西群臣或闻王谋，谏曰：“诸侯地不能当汉十二，为叛逆以忧太后，非计也。今承一帝，尚云不易；假令事成，两主分争，患乃益生。”王不听，遂发使约齐、菑川、胶东、济南，皆许诺。

吴王刘濞亲赴胶西国之后，胶西王刘卬虽然叛意已决，但胶西国的群臣有很大意见。大家劝谏刘卬，说所有的诸侯国加起来，地盘也不过占到汉帝国全境的十分之二，叛乱的胜算实在太小。况且，如今侍奉一位皇帝就已经不容易了，就算将来把他推翻，刘濞和刘卬并列称帝，哪有可能相安无事呢？然而刘卬不为所动，自顾自到周边搞联盟去了。齐王刘将闾、菑川王刘贤、胶东王刘雄渠、济南王刘辟光，也就是刘印的这几个兄弟，都答应了。

胶西国的群臣劝不动刘卬，这是有原因的。乍看上去，这些人有点睁眼说瞎话——全国的诸侯国领土加起来，哪可能只占到帝国全境十分之二的面积呢？但重点在于，他们之所以这么说，是因为他们并没有换位思考，没有站在刘卬的角度想问题。

站在胶西国群臣的立场，朝廷削不削藩完全无所谓，就算朝廷把胶西国的编制取消，变成直辖郡县，他们也无非是从胶西国的官员变成了胶西郡的官员，官照做，薪水照拿。

从另一个角度看，既然胶西国的官员对削藩抱持着无所谓的态度，如果刘卬执意反叛的话，这些人当然不可能跟刘卬一条心，但刘卬竟然完全没有意识到。否则，他本该优先和群臣做深度的利益绑定。

025 七国之乱是怎么酝酿的

反叛的策略

在联盟的问题上，其实刘濞等人已经有历史经验可以参照，那就是“三家分晋”。当时晋国有智、韩、赵、魏四大家族，智氏家族的族长智瑶是个雄才大略的狠人，仗着自家实力最强，先是向韩家硬讨来一座城，转而又向魏家讨要一座城。魏家要不要给呢？魏家的家相任章是这样考虑的：智瑶无缘无故就来索要土地，所有有家有业的贵族都会害怕。而如果我们满足了智瑶的无理要求，智瑶一定会发飘。他发飘了就会轻敌，其他人因为怕他，都会团结起来对付他。以团结的力量打击轻敌的人，胜负显而易见。任章还援引了《周书》中的一句名言：“将欲败之，必姑辅之；将欲取之，必姑与之。”要想打败谁，就先帮着谁，要想从谁那儿占到便宜，就先拿一点便宜给他占。[1] 后来的事情，就是赵家翻了脸，终于有了韩、赵、魏三家分晋。

再看晁错削藩。当时的诸侯国一共有二十二个。其中，景帝新封的六位皇子占了六个，文帝子侄占了两个——一个是景帝同父同母的弟弟刘武的梁国，一个是景帝同父异母的弟弟刘参留下的代国，由刘参的儿子刘登继承——这八个诸侯王和景帝的血缘很近，和吴王刘濞的血缘很远。剩余的十四个诸侯国都是刘邦的旁支，已经和景帝没有多少血缘亲情了，因为削藩政策而感觉受到威胁的，最多也就是这十四个诸侯国。

我们知道，最后真正造反的诸侯国一共只有七个，史称“七国之乱”，这就意味着，在那十四个受到削藩政策威胁的诸侯国里，真正铤而走险、付诸行动的只有半数。从各方面史料来看，吴王刘濞当时广撒英雄帖，各路诸侯几乎都联系到了，甚至包括北方的匈奴和南方的越人。但真到了起事的时候，首鼠两端的人多，同仇敌忾的人少。这说明了两件事：第一，当削藩削到吴国头上的时候，还有相当多诸侯王因为火石还没有砸到自己的脚背上，没法真的感同身受；第二，经过这么多年变动，像刘濞这种深耕几十年、在国内

1 详见《资治通鉴熊逸版》（第一辑）第 006 讲。

拥有广泛民意支持的诸侯王简直绝无仅有。楚王刘戊本来能算一个，毕竟刘交、刘郢客父子两代经营，传到刘戊已经是第三代了。偏偏刘戊是个高度情绪化的人，再好的牌也能打得一塌糊涂。

吴王刘濞如果可以重新安排反叛策略的话，不妨容忍朝廷的第一轮削藩，等到再多几个诸侯王成为受害者，感受到切肤之痛，才算是火候到了，这是一个要点。另一个要点是：胜算不高的硬仗可以暂时不打，攻坚战这种硬骨头可以暂时不碰，一定要速战速决地先打几个胜仗，为的就是给那些首鼠两端的诸侯王看——如果想把见风使舵的人通通利用起来，关键就在于赶紧把自己想要的风多吹几下。俗话说，上贼船容易下贼船难。任何一位诸侯王只要一发动，就再也没了退路，那时候就算战事不利，也只能一条道走到黑，没有投降这个选项了。

穆生去楚

原文：

初，楚元王好书，与鲁申公、穆生、白生俱受诗于浮丘伯。及王楚，以三人为中大夫。穆生不耆酒，元王每置酒，常为穆生设醴。及子夷王、孙王戊即位，常设，后乃忘设焉。穆生退，曰：“可以逝矣！醴酒不设，王之意怠；不去，楚人将钳我于市。”遂称疾卧。申公、白生强起之，曰：“独不念先王之德与？今王一旦失小礼，何足至此！”穆生曰：“易称：‘知几其神乎！几者，动之微，吉凶之先见者也。君子见几而作，不俟终日。’先王之所以礼吾三人者，为道存也；今而忽之，是忘道也。忘道之人，胡可与久处，岂为区区之礼哉！”遂谢病去。

在交代胶西王刘卬得到了齐王刘将闾、菑川王刘贤、胶东王刘雄渠、济南王刘辟光的承诺之后，《资治通鉴》忽然宕开一笔，将镜头转向楚国，开始梳理一场师生恩怨。

第一代楚王刘交是刘邦四兄弟当中唯一的读书人，早年和鲁国的穆生、白生、申公一道在浮丘伯门下学习诗学。刘交受封楚王之后，就把三位同学请来当官。穆生喝不得酒，所以每逢宴饮，刘交总会特地在穆生面前摆放一杯醴酒。

醴酒是一种酒精含量很低的甜酒，制作工艺是把粮食和酒曲混在一起，粮食多，酒曲少，发酵一个晚上。如果不加过滤，就很像今天的醪糟；如果做了过滤，就很像今天的米酒。当时制酒还没有蒸馏工艺，酒的酒精度都不高，但醴酒的酒精度尤其低。为穆生安排醴酒，是楚王刘交对穆生特有的关照。

等到刘交过世，第二代楚王刘郢客继位，对待穆生一如既往，这杯醴酒从来没缺过。然而，等到第三代楚王刘戊继位，事情就有点不一样了。一开始，醴酒还是照常摆放，后来刘戊就把这件事忘记了。某次宴饮，穆生发现面前摆的不是醴酒，就退了席，还跟申公和白生说了这样一番话：“是时候离开这里了。没安排醴酒，说明楚王对我的态度已经有所怠慢。如果不赶紧离开的话，可能哪天我会披枷带锁，被押到闹市受辱。”

从这件事来看，穆生头上应该贴两个标签：一个是“玻璃心”，另一个是“被迫害妄想狂”。申公和白生大概也是这么想的，劝阻穆生道：“这么大的反应真是何苦来哉。刘戊只是一次小小的失误而已，难道你就不顾念刘交那一辈的情谊吗？”穆生搬出了《易经》的名言：“知几（jī）其神乎。”君子应该从《易经》当中学会见微知著，从细微的事物上看出事物发展的端倪，从当下的端倪预见到将来的狂风暴雨，并且在第一时间做出正确的反应。穆生就这样毅然决然地离开了楚国。申公和白生不以为然，照旧陪在刘戊身边。

原文：

申公、白生独留。王戊稍淫暴，太傅韦孟作诗讽谏，

不听，亦去，居于邹。戊因坐削地事，遂与吴通谋。申公、白生谏戊，戊胥靡之，衣之赭衣，使雅舂于市。休侯富使人谏王。王曰："季父不吾与，我起，先取季父矣！"休侯惧，乃与母太夫人奔京师。

结果真被穆生说中了。就在刘戊筹划着和刘濞一起扯旗造反的时候，申公、白生要尽规劝之责。刘戊早就看他们不顺眼了，这一次索性彻底撕破脸，直接判了他们的刑，让他们穿着红褐色的囚服，在市场上最热闹的地方舂米。

穆生、白生和申公这三位读书人的不同遭遇，后来成为文化语码，不断被人引用。辛弃疾有一首《最高楼》，词前小序介绍创作原委："我正准备辞官，儿子却反对，说咱家田产还没置办呢，这时候辞什么官？所以我写了这首词来骂醒儿子。"上阙写道："吾衰矣，须富贵何时。富贵是危机。暂忘设醴抽身去，未曾得米弃官归。穆先生，陶县令，是吾师。"最核心的一句话"暂忘设醴抽身去"，用的就是穆生的典故。言下之意是，看见朝廷里势头不对，我就该赶紧撤，如果还痴心妄想，等着把田产置办好了再辞官的话，别说田产和官位了，大概率我会落得申公和白生那样的下场。

刘濞起兵

原文：

及削吴会稽、豫章郡书至，吴王遂先起兵，诛汉吏二千石以下；胶西、胶东、菑川、济南、楚、赵亦皆反。楚相张尚、太傅赵夷吾谏王戊，戊杀尚、夷吾。赵相建德、内史王悍谏王遂，遂烧杀建德、悍。齐王后悔，背约城守。济北王城坏未完，其郎中令劫守，王不得发兵。胶西王、胶东王为渠率，与菑川、济南共攻齐，围临淄。赵王遂发兵住其西界，欲待吴、楚俱进，北使匈奴与连兵。

晁错削藩削到了吴国，下手特别狠，一上来就要削掉两个郡。诏书才到，吴王刘濞就正式造反了。《资治通鉴》记载："吴王遂先起兵，诛汉吏二千石以下；胶西、胶东、菑川、济南、楚、赵亦皆反。"这话出自《汉书·荆燕吴传》，说吴王杀了中央派来的二千石以下的官吏。但《史记·吴王濞列传》的记载却是"则吴王先起兵，胶西正月丙午诛汉吏二千石以下，胶东、菑川、济南、楚、赵亦然"，做这件事的人变成了胶西王。不过这个细节倒也不必深究，因为可想而知，凡是中央政府派到诸侯国来的官员，只要不肯造反，一定不会有好下场。

现在我们看一看削藩受害者联盟的阵容：吴王刘濞的联络范围很广，凡是可以团结的力量都去团结过了。起兵的时候，刘濞派出使者，将一篇檄文通报给诸侯王。这件事《资治通鉴》没讲，我们有必要借助《史记》探一下刘濞的底牌。

首先，刘濞需要从自己的角度给削藩事件定性。他说："当今皇帝体弱多病，神志不清，所以受了奸臣的蒙蔽。这个奸臣就是晁错。他对汉帝国毫无功劳可言，却处心积虑离间刘氏骨肉，是可忍孰不可忍！"这样的定性使叛军站在了道德制高点上。从孝道角度讲，天下刘姓是一家，怎么能被外人蛊惑，反目成仇呢？从功劳角度讲，每一位诸侯王都是汉帝国的股东，晁错算个什么人？汉帝国哪一寸土地是他晁错打下来的？哪一个强敌是他晁错打败的？一个对汉帝国没有尺寸之功，只靠耍嘴皮子蛊惑人心的人，根本没有权力剥夺大汉功臣和功臣后人的合理待遇。

这篇檄文说燕王也加入了联盟，负责平定代国和云中郡，还联络了匈奴；淮南三王也因为文帝时代的杀父之仇，十多年苦心孤诣，筹划造反。（《史记·吴王濞列传》）这场叛乱史称"七国之乱"，然而，就刘濞的檄文里提到加入联盟的，远不止七个诸侯国。

026

刘濞的檄文有多少疑点

到底有谁参与了刘濞的联盟？这是我们读完刘濞檄文后，很容易想到的问题。

淮南三王

似乎最有可能第一时间加入刘濞同盟的是淮南三王。汉文帝时代，淮南厉王刘长骄纵跋扈，甚至发展到勾结闽越和匈奴谋反的地步。谋反这件事到底是真的还是被栽赃陷害，非常可疑，但无论如何，文帝判刘长流放，刘长竟然饿死在了囚车里。文帝为了向天下表现自己是一个重视亲情的好大哥，先是把刘长的四个儿子刘安、刘勃、刘赐、刘良通通封侯，又把原淮南国的土地一分为三，分成淮南国、衡山国和庐江国，分别封刘安、刘勃、刘赐为王。之所以没封刘良，是因为刘良死得早，也没有留下子嗣。

淮南三王作为刘长的亲生骨肉，对汉景帝会怎么想呢？从情感角度来看，最有可能的想法是：你爸爸害死了我们的爸爸，你现在搞削藩，又要来害我们。然而，从功利角度来看，假如刘长没有搞出乱子，一切按部就班的话，那么在他的四个儿子当中，应该只有刘安作为嫡长子有资格继承淮南国，刘勃、刘赐几人最多有个侯爵头衔而已。淮南国一分为三，相当于慷刘安之慨便宜了刘勃和刘赐。刘安有理由感到憋屈，刘勃、刘赐却未必这样想。

因此，从《史记》的记载来看，当吴国使者联络淮南三王的时候，三王的反应并不一致。淮南王刘安愿意起兵响应，不想却被淮南国相骗去了兵权。国相坚守城池，一心效忠于朝廷，不再听命于刘安，让刘安干着急。庐江王刘赐对吴国的邀约不置可否，但频繁派使者和南边的越人政权联系，这说明刘赐动了心，但没能下定决心。只有衡山王刘勃对中央政府忠心耿耿，坚定地站在了吴王刘濞的对立面上。（《史记·淮南衡山列传》）

淮南三王立场各异：一个造反派，一个保皇派，一个骑墙派。然而吴王刘濞在通报诸侯的造反檄文里，一点都没有实事求是，说："楚元王子、淮南三王或不沐洗十余年，怨入骨髓，欲一有所出之久矣。"意思是，楚元王刘交之子和淮南三王都痛恨朝廷，他们当中有的人这十几年来从没洗过头，洗过澡，一直憋着找机会发大招呢。

如果真有一个人这么想不开的话，那就只可能是淮南王刘安了。早在汉文帝给刘长的四个儿子封侯时，贾谊就劝谏过，说刘长的这几个儿子年纪虽小，但毕竟已经懂事了，知道了父亲受辱的经过，怎么可能释怀而不把文帝当成杀父仇人呢？贾谊还搬出了历史教训，说在春秋时代的楚国，白公胜为父报仇，在楚国掀起了天大的动乱。当时白公胜并没有政变夺权的心，所作所为仅仅是为了亲手报仇，为此不惜和仇人同归于尽。[1]

从后来的情形看，刘赐和刘勃也许因为被破格封王而对父亲的惨死有所释怀，但刘安并没有。《史记》记载，刘安一直对父亲之死耿耿于怀，谋反的火苗在心头从未熄灭过，只是苦于等不到机会。（《史记·淮南衡山列传》）之所以做得到十几年间不洗头，不洗澡，颜师古的解释是：他满心满脑都是为父报仇，别的事都忘了。（《汉书补注·荆燕吴传》颜师古注）这显然太夸张了。估计檄文想要表达的意思是，刘长之

1 详见《资治通鉴熊逸版》（第三辑）第252讲。

子因为没能为父报仇，所以没脸祭祀父亲——祭祖之前要洗澡，这是规矩，一直不洗澡就意味着一直没祭祖。

这样一看，吴王刘濞的檄文纯属以偏概全，更没提衡山王刘勃的立场。这就是宣传文案的特点——先把声势搞起来。至于庐江王刘赐和衡山王刘勃的真实立场，一时传不到其他诸侯王那里，等消息传到了，也已经不重要了。再者，朝廷一定能看到这份檄文，名单里开列的人物就算没一起造反，至少也有了嫌疑，不容易跟朝廷解释清楚，一旦朝廷真的施压，他们即便不想反也很可能不得不反。

燕王刘嘉

我们再把目光投向北方，看一看燕国。燕国历经臧荼时代和卢绾时代，饱受磨难，终于由异姓诸侯国变成了同姓诸侯国。但是，同姓的第一代燕王刘泽，实在和刘邦的血缘关系太远了。正常情况下，燕国的王位无论如何都和刘泽扯不上关系，但偏偏局势特殊，一系列阴差阳错之下，让刘泽当上了诸侯王。刘泽不但跟刘邦的血缘远，而且王位是吕后封的——一开始封的是琅邪王，后来诸吕之乱，刘泽拥立汉文帝有功，又被汉文帝改封为燕王。[1]

刘泽在燕王任上只做了两年就过世了，王位传给了儿子刘嘉。到吴王刘濞发布檄文的时候，燕王刘嘉其实已经风烛残年，不久于人世。刘濞在檄文里提到，燕王刘嘉已经加入联盟军，将会与赵王刘遂一起会合匈奴，平定北方的代国和云中郡，然后和匈奴兵一道入萧关，进长安。但事实上，在刘濞起兵之后，燕国并没有做出响应——也许是骑墙观望，也许是不想趟这个浑水，也许只是自顾不暇。其实站在燕王刘嘉的立场看，他虽然跟景帝的血缘关系很远，但跟吴王刘濞的血缘关系也并没有更近，对刘濞不容易轻信。

再者，刘濞的檄文犯了一个大错，那就是把匈奴拉进了刘氏家族的家务事。汉帝国明明和匈奴打了那么多年的仗，受尽了匈奴的欺负，现在为了争家门里谁多吃一口肉，就把世仇引为外援，这绝不是能得人心的策略。

齐地诸国

我们再看齐地诸国。胶西王刘印和吴王刘濞定盟

1 详见《资治通鉴熊逸版》（第三辑）第194讲。

之后，马上和兄弟们取得了联系，拉拢了齐王刘将闾、菑川王刘贤、胶东王刘雄渠、济南王刘辟光和济北王刘志。当时的地理名词很容易理解：所谓胶东、胶西，是以胶水为界，胶水以东就是胶东，胶水以西就是胶西；同理，济水以北是济北，济水以南是济南。济北王刘志虽然刚开始也加入了同盟，没想到后来阴差阳错，变成了大汉忠臣，这是后话。

齐地还有一个问题：旧有的齐国当中，还分出了一个城阳国。现任城阳王刘喜并没有参与造反大业。难道是齐地诸王不信任他，故意排挤他吗？又或者，城阳国太小了，刘肥的儿子们不愿意带刘喜玩？事情没那么简单。城阳国在齐地其实是一个不容忽视的存在。

城阳景王，也就是第一代城阳王，正是惠帝和吕后时代那位英姿勃发、光彩照人的朱虚侯刘章，平定诸吕之乱就是由他挑的头。虽然以今天的眼光来看，刘章的这场策划很有狼子野心的嫌疑，他之所以要铲除诸吕，仅仅是为了扶自己的亲哥哥齐王刘襄登上皇帝宝座，但在当时，诸吕之乱被定了性，汉文帝不管心里多膈应，也只能对刘章的盖世功勋予以官方承认和奖励。

刘章失败了，但在齐地诸王看来，刘章的一切努力都属于“义”，有着无与伦比的正当性。刘章不但有首倡之功，而且在长安打硬仗时，二话不说冲在第一线当先锋，手起刀落绝不含糊。这样一位拨乱反正的大英雄，竟然只被封了一个小小的城阳国，而且就连这样一个小小的城阳国，还不是从汉政府直辖郡县里划出来的，而是切割了原属齐国的城阳郡。汉文帝太欺负人了。

刘章一来很有英雄气概，当年吕后当权的时候，他就敢在朝廷宴会上直接杀了吕家的人；二来功高不赏，特别让人为他不平；三来英年早逝；还有第四，他是齐悼惠王刘肥的亲生儿子，根就扎在齐国——所有这些因素凑在一起，刘章在齐地就很容易升格成神了。

我们读《资治通鉴》，一直站在汉朝皇帝的立场上看问题，但必须留意到，齐地无论是诸侯王还是平民百姓，都对刘章相当追捧。不只是“七国之乱”这一次，后来即便是底层民众扯旗造反，也愿意打出城阳景王刘章的旗号。

027 七国之乱是怎么开战的

特殊对待

城阳王刘章在齐地是神一样的存在，但现任城阳王刘喜却并没有加入盟军，这是“七国之乱”全部事件中最有趣的地方——加入盟军的各位诸侯王达成一致意见，认为城阳景王刘章“有义”，在平定诸吕的事件上建立奇功，所以刘喜作为城阳景王的后人，非常值得被特殊对待，就别让他参加盟军了吧，等将来盟军打赢了，好处绝对少不了他的。

汉人应劭的《风俗通义》有记载，说刘章死后，齐地到处为他立祠祭拜，不仅大城里有城阳景王祠，连村庄聚落里都有。（《风俗通义 · 怪神 · 城阳景王祠》）从这种情形推断，城阳景王崇拜应该属于齐地民间自发的信仰，是民意的体现。在“七国之乱”的时候，城阳景王信仰还谈不上多么普及，但也已经出现了萌芽，展现出了蓬勃的、让人无法忽视的生命力。后来，这一信仰在齐地愈演愈烈，还深刻影响过西汉末年著名的赤眉军起义。

城阳景王在齐地有这样的超然地位，他的亲生儿子刘喜，也就是现任城阳王，自然会被另眼相看。大家尊重刘章当年的努力，同情刘章当年的遭遇，所以宁愿不让刘章的后人加入反叛同盟——将来盟军如果赢了，胜利果实一定不能少了城阳王这一份；如果输了，至少保刘章的后人无恙。

什么叫虽死犹生，刘章当得起这四个字。

齐地变局

总结一下形势：齐地诸侯，除了城阳王刘喜之外，其余六位都是刘肥的儿子。六兄弟同气连枝，这样一来，齐地就形成了六比一的局面。六位诸侯王以胶西王刘卬为主帅，准备合兵西进，找皇帝小儿讨还公道。

谁都没想到，戏剧性的变化忽然发生了。《资治通鉴》记载，吴王刘濞率先起兵，同盟国纷纷响应。楚国国相和太傅劝谏楚王刘戊，被刘戊杀了。赵国国相和内史劝谏赵王刘遂，刘遂比刘戊更狠，把这两位烧死了。不管是斩杀还是烧杀，政治表态都很坚决。然而，齐地诸侯却闹出了乌龙——胶西王刘卬、胶东王刘雄渠成为联合统帅，带着本国军队和菑川国、济南国的军队一起，攻打齐国去了。齐、赵接壤，两地的地理关系大体上就是今天山东和河北的关系。赵王刘遂本该等着齐地诸侯的联军一起西进，一看齐地诸侯竟然打起了内战，自己人单势孤，索性就驻兵在赵国西境，等着和吴楚联军会合，同时派出使者邀约匈奴。

齐地诸侯到底怎么回事？麻烦事竟然不止一桩：明明约好了同仇敌忾，结果事到临头，齐王刘将闾忽然反悔了，坚守城池，拒不出兵；济北王刘志自己倒没变心，但济北国当时正在维修城墙，郎中令抓住机会劫夺权力，和齐国一样坚守不出，刘志干着急没办法。郎中令一向都是诸侯王亲信中的亲信，刘志大概万万没想到自己会被最亲信的人背叛。

这么一来，齐地诸侯原先六比一的牌面一下子变成了四比三，必须重新掂量何去何从。如果按原计划继续西进，叛军时刻都要担心老家会不会被人端了，再说叛徒总是比敌人更可恨。最终，他们还是选了攘外必先安内这条路，掉过头来围攻齐国首府临淄。

力量对比

我们再来盘点一下叛军的牌面：吴王刘濞为首，楚王刘戊为辅，吴、楚两国都是树大根深的强国；赵王刘遂本该协同齐地诸侯西进长安，现在驻兵在赵国西境，等吴楚联军过来再说。齐地本来有六小国联盟，现在只剩下胶西王刘卬、胶东王刘雄渠、济南王刘辟光和菑川王刘贤四家。所谓“七国之乱”，就是这七国。其中以吴、楚为主，所以又称“吴楚七国之乱”。

从吴、楚到齐地诸侯国，以今天的地理位置来看，大约就是从江浙到山东这一线的沿海大省。通过战国时代的历史，我们可知，中国地形西高东低，关中地区占尽了地利，山东六国联合攻打秦国从来都不容易，而秦国西出函谷关，居高临下地去打山东六国，则容易多了。因此，当年娄敬和张良极力建议刘邦放弃洛阳，在关中选定都城，为的就是依凭关中遥制关东，进可攻，退可守。

这份远见卓识，到了汉景帝时代真的要发挥大作用了。而且汉景帝还有一道屏障，那就是位居中原腹地的梁国。梁王刘武是景帝的同母兄弟，和景帝的利益高度绑定。七国联军要想西进长安，要么就先把梁国打下来，要么就必须在梁国附近屯驻重兵。

当时汉帝国有二十二个诸侯王，真正起兵叛乱的只有七个，剩余的十五个，有的想叛乱但没成功，比如淮南王刘安和济北王刘志；有的答应叛乱却反悔了，比如齐王刘将闾；还有骑墙派，比如庐江王刘赐；还有一大把年纪，离死不远，很可能无暇他顾的燕王刘嘉；还有坚定站在朝廷一边的，比如梁王刘武和衡山王刘勃，以及虽然年纪还小，但绝对会支持朝廷的景帝那六个才封王不久的亲生儿子。

至于仗到底是怎么打的，虽然历史记载花里胡哨，但其实并不重要。当我们把天时、地利、人和这些参数排列出来之后，一做比较，就不难看到叛军不但没占地利，不得人和，在实力上也处于下风，更要命的是出师不利，不可能像当初的陈胜、吴广那样以星星之火燃起燎原之势。叛军唯一可行的打法就是速战速决，出奇制胜，一旦僵持起来，要拼消耗，败亡就注定只是时间问题了。

首攻梁国

原文：

吴王悉其士卒，下令国中曰："寡人年六十二，身自将；少子年十四，亦为士卒先。诸年上与寡人同，下与少

子等，皆发。”凡二十余万人。南使闽、东越，闽、东越亦发兵从。吴王起兵于广陵，西涉淮，因并楚兵，发使遗诸侯书，罪状晁错，欲合兵诛之。吴、楚共攻梁，破棘壁，杀数万人；乘胜而前，锐甚。梁孝王遣将军击之，又败梁两军，士卒皆还走。梁王城守睢阳。

吴王刘濞进行全国总动员，有一项创举：刘濞本人当年六十二岁，亲自统兵，最小的儿子年仅十四岁，身先士卒。所以吴国境内，上至六十二岁，下至十四岁的男子，全部入伍参战，总兵力因此达到二十万。

刘濞广发檄文，声讨所谓“贼臣”，虽然并没有指名道姓，但谁都知道这顶帽子是扣给晁错的。在檄文里，景帝只是因为体弱多病，神志不清，才受了贼臣的蒙蔽。这个策略后来被总结为“清君侧”，成为政治斗争的一大经典套路。刘濞出此招数，一来可以为自己的起兵渲染正当性，二来给将来讨价还价留出了余地。

刘濞起兵之后，西渡淮水，和楚王刘戊兵合一处，第一个核心军事目标就是梁国。吴楚联军两度大败梁军，击斩梁军数万人。这个数量级的伤亡，我们已经很久没看到了，即便对于大国诸侯，也算得上致命打击。梁王刘武虽然挺住了，但也不得不龟缩在首府睢阳城里，只有招架之功，没有还手之力。前文讲过，梁王刘武又受宠，又有钱，所以大兴土木，扩建了睢阳城。当时的僭越礼制，这时忽然派上了救命的用场。[1]

调兵遣将

原文：

初，文帝且崩，戒太子曰："即有缓急，周亚夫真可任将兵。"及七国反书闻，上乃拜中尉周亚夫为太尉，将三十六将军往击吴、楚，遣曲周侯郦寄击赵，将军栾布击齐；复召窦婴，拜为大将军，使屯荥阳监齐、赵兵。

汉景帝看到刘濞的檄文之后，花了些时间做出部署：任命周亚夫为太尉，统率主力部队迎击吴楚联军；派曲周侯郦寄攻击赵军、将军栾布攻击齐军；又拜窦婴为大将军，屯兵荥阳，遥制齐军和赵军。

这是兵来将挡、水来土掩的打法。汉景帝之所以对周亚夫委以重任，是因为当初汉文帝劳军，对周亚夫的细柳营印象深刻，临终时叮嘱即将继位的太子，一旦有危急情况，周亚夫可以统兵。曲周侯郦寄是开

1 详见前文第 021 讲。

国元勋郦商之子、郦食其的侄子。平定诸吕之乱的时候，有一段“郦寄卖友”的故事：郦寄出卖了好朋友吕禄，为政变成功做出了既可圈可点又可耻可恨的贡献。郦商死后，郦寄继承爵位，成为第二代曲周侯。如今在景帝一朝，郦寄也算得上老资格的将门虎子了。栾布的资格更老。他当过佣工，做过强盗，在燕王臧荼手下做过将军，还顶着刘邦的怒火祭祀过彭越。汉文帝期间，栾布做过燕国国相，后又做了朝廷的将军，大喇喇地以权谋私，过着快意恩仇的人生。

汉景帝派出这三员大将，都在情理之中。然而，窦婴不但没带过兵，前不久还得罪了窦太后，被免了职，又被断绝了亲戚关系，景帝却请他回来当大将军，让人不禁有些迷惑。其实原因很简单：“七国之乱”爆发了，需要请亲人来办事，事急从权。

028

为什么窦婴出山后局面变复杂了

皇帝处境

周亚夫、郦寄和栾布这三个人都不姓刘，这些外姓人如果控制了汉帝国的主力部队，很难说会不会真的和皇帝一条心。当初平定诸吕的时候，老将灌婴以大将军身份率兵东征，结果才一出去，就自作主张，和周勃、陈平那些老狐狸勾勾搭搭。在眼下的“七国之乱”中，周亚夫等人假如投靠了吴王刘濞，帮刘濞入主长安，登上皇位，那么摇身一变就是顺天意、应民心、拨乱反正的功臣。

赢家身上就算有再多道德瑕疵，只要赢了，总不难给自己洗白，更何况吴王刘濞的檄文既博人同情，又有理有据甚至有节。这就意味着，在正当性这一点上，很难说汉景帝和七国联盟谁占了上风。这个时代里，绝对皇权和对绝对皇权的绝对效忠非但不是人们的共识，反而和暴秦一道，是共识的对立面。因此，汉景帝在调兵遣将的时候，太需要多几个自家人了。

自己人里，唯一既亲近又年富力强的当然是梁王刘武。刘武虽然一败再败，死伤惨重，但毕竟死守住了睢阳城，拖住了叛军的前进步伐。刘家人不够用，景帝就只能到窦家去找合适的人选。窦家是外戚，外戚有一个天生的优势，那就是既和皇帝亲，又不和皇帝一个姓，与皇上利益高度绑定，但又捞不到继承权。因此，要找自己人，没有比舅舅家的人更好的选择。

一个正统王朝，不论再怎么恢宏、肃穆、光芒万丈、上通天心、下达民意，归根结底，就是一个家族企业，摆脱不了家族企业的经营逻辑。汉景帝的处境，其实就是一群远房叔伯和堂兄弟纠集起来跟他争家产。他自己没了爹，娃还小，家里的几个老仆人怕是靠不住，所以得赶紧到舅舅家里找帮手。

窦婴出山

危急关头，汉景帝看看身边姓刘的，再看看姓窦的，选择了窦婴。汉文帝时代，窦婴担任过吴国国相，熟悉吴国的国情。窦婴又有过明确表态，坚定支持嫡长子继承制的汉家传统，为此不惜把梁王刘武和窦太后都得罪了。但是，窦婴才被免了官，还被取消了朝请资格，相当于皇家不认他这门亲戚了，他怎么可能不怄气呢？所以，不管汉景帝怎么说，窦婴始终不松口，抵死了拿生病当理由，就是不肯临危受命。古代医疗条件差，检验手段主观性太强，给装病提供了无穷的便利。汉景帝明知道窦婴装病，但也没法揭穿。最后景帝急了，不管窦婴答不答应，强行拜他为大将军，赐黄金千斤。从《史记·魏其武安侯列传》的记载来看，窦婴上任之后做了两件事：一是推荐了袁盎、栾布等闲居在家的能人，二是把景帝赏赐的黄金放在大门口的过道上，经过的军官可以自行取用，自己一丁点都不往家里拿。

如果以上记载属实，那就意味着栾布是由窦婴推荐之后才被汉景帝任命为将军的。但这件事并不重要，重要的是，袁盎也是窦婴推荐的人，而袁盎和晁错是一对众所周知的冤家对头。因为窦婴，袁盎终于有机会重新接触权力核心。窦婴和袁盎这两个变量的加入，使局面马上变得复杂起来。

前文说过，晁错提议削藩的时候，景帝召开高层会议，没人敢提反对意见，只有窦婴一个人和晁错争辩。这一来，公务变成了私怨，窦婴和晁错就这么结下了梁子。[1]也就是说，制定削藩策略的晁错和给削藩收拾烂摊子的大将军合不来。汉朝人可不容易有“将相和”的肚量，政见上的分歧会直接转化为私人恩怨。而私人恩怨的主流解决方案并不是宽宏大量，而是快意恩仇。

袁晁矛盾

袁盎是《资治通鉴》中多次出现过的人物。早在汉文帝时代，还在做郎官的袁盎就给才登基不久的汉文帝出过主意，狠狠灭了周勃的气焰。[2]袁盎对国家大政影响最深的举动，是淮南王刘长谋反事件的善后工作。当时刘长饿死在囚车里，消息上报到朝廷，文帝哭得一塌糊涂，向袁盎讨主意。袁盎给出了一个今天看来算是匪夷所思的意见：“杀掉丞相和御史大夫，以谢天下。”这话到底应该怎么理解，不好说，但文帝的做法是清清楚楚有案可查的：查办刘长流放途中没有打开辎车封印为刘长进献食物的相关人等，将其通通处斩。[3]

1 详见前文第 023 讲。

2 详见《资治通鉴熊逸版》（第三辑）第 213 讲。

3 详见《资治通鉴熊逸版》（第三辑）第 237 讲。

这些人死得冤不冤不重要，重要的是汉文帝通过这个手段，充分表达了自己是一个重视亲情的好皇帝、好哥哥。

袁盎不但聪明绝顶，挣表现还很会卡时机，本该前程似锦，但在窦婴就任大将军的时候，他却赋闲在家，就是因为他和晁错特别不对付。按理说同朝为官，抬头不见低头见，除非遇到政治站队必须选边，否则就算看哪位同僚不顺眼，一般人也只会把反感藏在心里，表面功夫还是要做。但我们知道，汉朝建立之初，整个国家就是一片文化沙漠，温良恭俭让之类的传统君子美德没剩下多少，社会面貌称得上“质胜文则野”：人显得粗鲁而直接，主流价值观是所谓“滴水之恩必偿，睚眦之仇必报”，讨厌谁就直接讨厌，不必非得维持表面上的一团和气。

袁盎和晁错就是这么耿直，把个人好恶公开化——凡是有晁错在的场合，袁盎直接就走，反之亦然。两个人做了这么久的同僚，竟然从没有面对面沟通过一次。其实他们并没有什么杀父之仇、夺妻之恨，就是单纯地讨厌对方。他们的矛盾倒也不难推测一二，因为这两个人其实很像——如果是两个内敛的人彼此相似，倒也不会生出什么事端，但偏偏这是两个同样聪明绝顶又锋芒毕露的人。不同之处是，袁盎和皇帝

（汉文帝）关系不好，皇帝嫌他烦，但袁盎对下属很好，深得人心；晁错刚好相反，和皇帝（汉景帝）处得亲密无间，但从亲人到同僚都不喜欢晁错。

无何饮

《史记》记载，袁盎当年屡经调任，从陇西都尉迁为齐国国相，再迁为吴国国相。当时他的侄子、足智多谋的袁种叮嘱过他，说吴王刘濞骄纵已久，吴国别有居心的人多，袁盎去做国相，如果忠于职守、公事公办，要么会被一群人告刁状，麻烦缠身，要么就会被人弄死。唯一的明哲保身之道是每天只喝酒，不管事，经常语重心长地劝一劝吴王不要造反，吴王接不接受无所谓，反正劝就是了。

袁种的原话是："君能日饮，毋何，时说王曰毋反而已。"这就给后人创造了一个"无（毋）何饮"的典故。比如，宋人晁补之有诗"但从袁盎无何饮，莫笑冯公不见招"（《再用前韵答之道弟府教授》）。"无（毋）何饮"，就是只喝酒、不管事的意思。

袁盎依计行事，只喝酒，不管事，果然在吴国很受优待。那个年景，在吴国担任国相，很容易两头不讨好，里外不是人：国相如果对吴王的骄纵不法不闻不问，一旦将来出了事，自己在朝廷那里就脱不了干系；而如果尽职尽责，又肯定不能为吴国所容，可只要吴王不和朝廷撕破脸，就算吴国把国相怎么样，朝廷也不可能给国相撑腰。袁盎可不是什么死忠到底、大公无私的人，所以毫不犹疑地选择了侄子指点的明路。

但无奈的是，汉文帝的时代很快结束了，汉景帝登基之后，晁错飞上枝头变凤凰，大权在握，于是对袁盎下了手。袁盎不是在吴国很受优待吗？那就好办。身为朝廷派到吴国的国相，袁盎竟敢接受吴王的重金馈赠，都不用罗织什么罪名，只要公事公办就够了。

不过平心而论，袁盎就算不想接受吴王的馈赠，也不敢拒收，拒收就等于公然跟吴王翻脸。汉景帝大概也明白袁盎的这层难处，法外开恩，仅仅把袁盎贬为庶人了事。（《史记·袁盎晁错列传》）因此，窦婴临危受命的时候，袁盎正以老百姓的身份在家闲着。窦婴一来知道袁盎的本事，二来知道袁盎比自己更恨晁错，借这个机会让袁盎重返政治舞台，于公于私都会给自己增添助力。

于是，袁盎重新成了晁错的同僚。我们可能会想，面对眼下的“七国之乱”，不管他们之间有什么仇怨，大敌当前，应当一笑泯恩仇，一致对外。退一步说，就算那点恩怨放不开，也可以暂时搁置一下，等叛乱平定之后再说不迟。然而，窦婴和袁盎还没干什么，晁错先坐不住了。

029

袁盎和晁错是怎么斗法的

晁老爹的预见

早在汉文帝时代，晁错还在太子身边做事时，就没少向汉文帝建议削藩变法。等到太子登基，晁错扶摇直上，转眼间就坐上了御史大夫的位置，虽然层级距离丞相还有一步之遥，但实际上已经在行使丞相的职权，真正担任丞相的陶青毫无存在感可言。

汉景帝和晁错这一对君臣组合有点像宋神宗和王安石。汉景帝给予晁错十足的信任和充分的授权，晁错心里装着帝国的宏伟蓝图，迫不及待地要改天换地。在情感上，晁错已经不仅仅是感念汉景帝的知遇之恩，死心塌地要回报了，而是眼里、心里只有汉景帝，完全看不到、装不下其他人。

原文：

初，晁错所更令三十章，诸侯欢哗。错父闻之，从颍川来，谓错曰："上初即位，公为政用事，侵削诸侯，疏人骨肉，口语多怨，公何为也？"错曰："固也；不如此，天子不尊，宗庙不安。"父曰："刘氏安矣而晁氏危，吾去公归矣！"遂饮药死，曰："吾不忍见祸逮身！"后十余日，吴、楚七国俱反，以诛错为名。

削藩是晁错心心念念的头等大事，一系列变法都是为削藩服务的。这当然是得罪人的事，法令一出，怨声载道。晁错的父亲听到了消息，大老远从老家赶到长安，语重心长地劝说儿子："咱们皇上刚登基不久，你执掌朝政，一上来就针对诸侯王下狠手，离间人家刘家的骨肉亲情，搞得人人都埋怨你，你这是为了什么呢？"老父亲的话相当在理。天下是人家刘家的，你晁错一个外姓人，非要把别人家的事当自己家的事去办，不知深浅地挑唆别人家的骨肉，离间别人家的亲情，把别人家里搞得鸡飞狗跳，这是为什么呢？

晁错义正词严地反驳道："如果我不这样做，那么皇帝就得不到至高权威，宗庙也不会安宁啊。"老父亲绝望了："刘家的宗庙安不安宁，轮得到你姓晁的操心么？刘家的宗庙安宁了，咱们晁家的宗庙可就保不住了。”老父亲就这么走了，走后越想心越凉，索性服毒自杀了，死前留下了一句话：“我不想眼睁睁看着晁家遭受灭顶之灾啊。”

这段对话最有意思的地方在于，无论是晁错还是他的父亲，都没有拿天下兴亡和百姓福祉来当主题或者靶子。在现代读者的认知中，晁错本应该大义凛然，对父亲说出“苟利国家生死以，岂因祸福避趋之”这种掷地有声的话，但竟然没有。从晁错父亲的反应来看，在当时人们的主流观念里，天下是皇帝的家天下，皇帝和诸侯王的关系是人家的家务事，外人就算出出主意，最多也就是像贾谊那样提一个温和而不动声色的“众建诸侯而少其力”就可以了，怎么可以大刀阔斧地去削藩呢？于私，正所谓疏不间亲；于公，难道晁错想把汉景帝推上秦始皇的老路不成？晁老爹确实很有预见力，他自杀之后仅仅十多天，就爆发了“七国之乱”。

晁错的犹豫

原文：

上与错议出军事，错欲令上自将兵而身居守；又言：

“徐、僮之旁吴所未下者，可以予吴。”错素与吴相袁盎不善，错所居坐，盎辄避；盎所居坐，错亦避：两人未尝同堂语。及错为御史大夫，使吏按盎受吴王财物，抵罪；诏赦以为庶人。吴、楚反，错谓丞、史曰：“袁盎多受吴王金钱，专为蔽匿，言不反；今果反，欲请治盎，宜知其计谋。”丞、史曰：“事未发，治之有绝；今兵西向，治之何益！且盎不宜有谋。”错犹与未决。

战乱的消息传到长安，晁错想到的第一件事竟然是惩治袁盎。晁错跟下属商量：“袁盎从吴王那里收受巨额贿赂，费心替吴王说话，说他不会反。结果现在吴王反了。必须治袁盎的罪，他一定早就知道吴王的阴谋。”晁错得到的反馈是：“且不论袁盎应该没参与吴王的阴谋，就算真有其事，如果我们在反叛爆发之前就惩治了袁盎，倒还可以断绝吴、楚的反叛念头，可现在叛军已经开始行动了，惩治袁盎难道还能有什么用吗？”

晁错在谋划削藩的时候，按理说对诸侯王造反早有预见，真的兵戎相见时，他应该不慌不忙，尽情摆出一副“羽扇纶巾，谈笑间、樯橹灰飞烟灭”的潇洒姿态，可他的真实反应却是大惊小怪，慌不择路。退一万步说，即便晁错就是想公报私仇，借这个机会弄死袁盎，他也应当干脆利落，直接下狠手，犯不着跟人商量。商量之后又犹豫不决，这才是要命的事情。

晁错犹豫了。而正是因为这关键时刻的一点点犹豫，转眼间一切就要逆转。

袁盎的反击

大约有两个因素决定了事情的走向：其一，袁盎人缘好，晁错人缘非常差；其二，晁错以强硬手段搞削藩，不但惹怒了那些直接受害的诸侯王，也挑战了当时的主流价值观，特别不得人心。于是，就在晁错犹豫不决，没想清楚要不要借这个机会整死袁盎的时候，袁盎第一时间得到了消息。

原文：

人有告盎，盎恐，夜见窦婴，为言吴所以反，愿至前，口对状。婴入言，上乃召盎。

盎入见，上方与错调兵食。上问盎："今吴、楚反，于公意何如？"对曰："不足忧也！"

上曰："吴王即山铸钱，煮海为盐，诱天下豪杰，白头举事，此其计不百全，岂发乎！何以言其无能为也？"对曰："吴铜盐之利则有之，安得豪杰而诱之！诚令吴得豪

杰，亦且辅而为谊，不反矣。吴所诱皆无赖子弟、亡命、铸钱奸人，故相诱以乱。”错曰：“盎策之善。”

得到这个消息的时候，袁盎应该出了一身冷汗吧。一旦罪名成立，下场就是满门抄斩。于是袁盎毫不迟疑，连夜拜访窦婴，分析吴王刘濞的叛乱原因，希望借窦婴之力面见景帝，当面陈述。

袁盎的这一步棋走得特别合情合理。窦婴当年也做过吴国的国相，是袁盎的前任，很容易对袁盎的意见感同身受。而且，窦婴和袁盎一样都恨晁错，即便袁盎瞒着窦婴，没讲晁错要置自己于死地的事，等将来自己咬死晁错，窦婴也不会有任何怪罪。站在袁盎的角度，当务之急是争分夺秒，趁晁错犹豫的这个时间窗口，给他一记致命重击。名利场上的生死搏杀，就是这么残酷。

有了窦婴的引荐，袁盎迅速入宫面圣。汉景帝正和晁错一起讨论平叛事务的后勤补给问题，见到袁盎，景帝便征求他的意见。摆在袁盎面前的难题是：汉景帝和晁错你侬我侬，如胶似漆，怎么才能够硬生生地破坏他们的感情，送晁错去死呢？设身处地地站在袁盎的位置想一想，接下来他要做的事情实在是一场豪赌，难度不亚于当面用短短一席话拆散一对热恋中的情侣，并且引发一场残忍的杀戮。然而，袁盎做到了。

面对汉景帝的询问，袁盎先是摆出好整以暇的姿态，说叛军不足为虑。这样的反馈就是为了引出景帝的质疑。果然，景帝问："吴王刘濞有铜矿可以铸钱，有海水可以煮盐，资源丰沛，又酝酿了这么多年才终于举事。如果不是计划周详，十拿九稳，他怎么敢呢？因此，叛军怎么就不足为虑了呢？"

袁盎回答："吴国纵然有再多财富，靠财富收买来的也注定只能是一些地痞流氓。哪有真正的英雄豪杰会被财富收买的呢？吴王刘濞带着一群地痞流氓造反，这有什么值得担忧的呢？"这种漂亮话似是而非，只能哄人开心，但袁盎要的也只是这个效果而已。并且，这样的一席话，使晁错误以为袁盎倒向了自己的一边，赶紧表态说："袁盎的判断很正确啊。"在这种特别需要即时反应的场合里，汉景帝自然就消除了疑虑，对袁盎信任起来，接下来他问："那你说，我们该怎么办呢？"

一招制敌

原文：

上曰："计安出？"盎对曰："愿屏左右。"上屏人，独错在；盎曰："臣所言，人臣不得知。"乃屏错。错趋避东

厢，甚恨。

上卒问盎，对曰："吴、楚相遗书，言高皇帝王子弟各有分地，今贼臣晁错擅適诸侯，削夺之地，以故反，欲西共诛错，复故地而罢。方今计独有斩错，发使赦吴、楚七国，复其故地，则兵可毋血刃而俱罢。"

于是上默然良久，曰："顾诚何如？吾不爱一人以谢天下。"盎曰："愚计出此，唯上孰计之！"乃拜盎为太常，密装治行。

汉景帝问出了这一句，袁盎就成功一多半了。袁盎答道："请陛下屏退左右，我要讲的内容别人不能听。"汉景帝马上屏退左右，只留下晁错。但袁盎又发出了一句强有力的试探："我下面要讲的话，做臣子的不该听到。"这个时候，汉景帝就算再信任晁错，一来病急乱投医，二来好奇心被彻底勾起来了，没的说，让晁错也避一避吧。

晁错没办法，只能饮恨离开，退到东厢房去了。有了这一出，袁盎如果还不能做到一招制敌的话，将来一定会招致晁错劈头盖脸的报复。从袁盎和晁错的斗法经过里，我们会看到，汉朝人那种"滴水之恩必偿，睚眦之仇必报"的精神，并不都是耿直率真。

晁错一走，房间里就只剩下汉景帝和袁盎两个，可以安心说悄悄话了。袁盎的策略很简单，说吴国和楚国互通书信，说当年高皇帝分封子弟，大家各有各的疆界，如今贼臣晁错胆大妄为，搞削藩，大家这才被迫起兵，为的就是诛杀晁错，恢复失地。只要达到了这两个目的，仗自然就没得打了。站在朝廷的角度，只要牺牲晁错，再把晁错削藩削掉的地盘归还原主，就不难恢复和平。汉景帝沉默不语，过了好久才说："不知道他们是不是真心这样想。至于我，我是不会因为爱一个人就开罪天下人的。"

既然汉景帝沉默良久，又说出了这样的话，事情显然十拿九稳了。袁盎也不多话，只是让景帝再多想想。结果，景帝委任袁盎为密使，让他回去悄悄整理行装，准备出发找吴王刘濞议和。

030

晁错是怎么被腰斩于市的

袁盎搬出诛杀晁错、恢复失地的策略，原本只是仓促之下的应激反应——听说晁错要治自己的死罪了，这才连夜想办法，争取先发制人。至于能不能成功，能不能真的恢复和平，他应该没有很大的把握。如果杀了晁错，叛军说不定会气焰更盛，得寸进尺，若果真如此，袁盎会不会被汉景帝追究责任，就只能暂且搁置不论了，眼下先解了燃眉之急再说。

晁错的失误

然而事有凑巧，叛乱发生之后，汉景帝和晁错商量军事部署，晁错给出的方案是让汉景帝御驾亲征，自己留守长安。

这个方案乍看起来没毛病。当年刘邦出征，萧何留守，是一个经典的人力资源组合。如果反过来，萧何出征，刘邦留守，那么大概率在中国历史上就不会出现一个汉帝国了。但问题是，这一套汉家优良传统实在没法照搬，因为汉景帝不是刘邦，晁错也不是萧何。汉景帝自幼锦衣玉食，从没见过战阵，心里正在七上八下呢，忽然自己最信任的人要把自己推向最危险的地方，这时候，他恐怕已经在默默地重新评估晁错对自己的感情了吧。即便是旁观者，也会觉得晁错过分了——事是你晁错挑起来的，就该你晁错自己去搞定，怎么能把最信任你的上级领导推去前线，自己反而留在安全的大后方呢？

苏轼注意到这个细节，说当时晁错的正确做法应该是挺身而出，充分表现自己有担当、有底气的一面，只有把自己“置之死地”，才有“而后生”的可能。但晁错却反着来，以自己的安全为第一要务，反而招致杀身之祸。正因为晁错这一次的失误，才使袁盎的谗言有机可乘。（《苏轼文集 · 卷四 · 晁错论》）

腰斩晁错

原文：

后十余日，上令丞相青、中尉嘉、廷尉欧劾奏错：“不称主上德信，欲疏群臣、百姓，又欲以城邑予吴，无臣子

礼，大逆无道。错当要斩，父母、妻子、同产无少长皆弃市。”制曰：“可。”

错殊不知。壬子，上使中尉召错，绐载行市，错衣朝衣斩东市。上乃使袁盎与吴王弟子宗正德侯通使吴。

汉景帝双管齐下，战备要搞，议和也要议。十几天后，在汉景帝的授意之下，丞相陶青，还有一位在史料里没能留下全名的中尉，以及廷尉张欧，一道弹劾晁错，指控晁错离间皇帝和臣民的关系，还要把吴王并未占领的徐县、僮县送给吴王，大逆不道。依照法律，应当把晁错腰斩，并且将晁错全家男女老少通通当众处斩。

《资治通鉴》只引述了这份奏疏的后半段。奏疏前半段中交代了晁错在建议汉景帝御驾亲征时给出的理由，说百万大军出征，兵权无论交给谁都让人不放心，必须由皇帝亲力亲为才行。(《汉书·爰盎晁错传》) 平心而论，这话如果是别人说的，倒也谈不上有多大毛病，但问题是，这是晁错说的。晁错搞削藩就已经是在离间刘家人的亲属关系，上面这个说法相当于又离间了汉景帝和群臣的关系，罪不容诛。至于割让两个县给吴国，假如晁错真的有过这样的建议，应该也只是军事策略，并不是真的搞割地求和。只是，狼既然已经要吃小羊了，理由总是可以随意引申的。

弹劾的奏疏马上就得到了批复，可怜的晁错一无所知。景帝派中尉召见晁错。当车子行进到一个叫东市的闹市区时，武士忽然把晁错揪下车，当场腰斩。晁错猝不及防，死时还穿着朝服。《资治通鉴》对晁错死状的形容是“衣朝衣斩东市”，这是从《史记·吴王濞列传》中引用的。这个场面之所以骇人听闻，并成为一个文化语码，是因为它开了一个很坏的先例。

腰斩虽然残忍，但“具五刑”更残忍。满门抄斩虽然过分，但前有古人，后有来者，汉文帝搞减刑，减来减去，灭门的刑罚终归还是减不下来。真正的问题是，杀一个人，甚至杀一个部长级别的政府高官，竟然可以不经过司法程序。即便是当年秦二世杀李斯，好歹也要先把李斯批捕、下狱、审讯，最后让他穿着囚服被押上刑场，具五刑，腰斩于咸阳市。李斯死得比晁错惨，受的折磨比晁错大，被牵连的家属比晁错多，但他好歹是经历过全套的司法流程之后才被杀的。晁错就不一样了。堂堂御史大夫，前一刻还在指点江山，下一刻就穿着代表朝廷尊严的朝服，被皇帝像杀鸡一样杀了。

贾谊如果在世，一定会再次搬出“投鼠忌器”的理论——就算晁错该死，也不该这样把他弄死，死了一个晁错，却陪葬了整个国家体统。按理说当时不难有人想到这一层，但晁错平时嚣张惯了，所以放眼朝野，找不到一个朋友，没人愿意帮晁错说话。相反，窦婴和袁盎很有人望：《史记》记载，叛乱发生之后，大长安一带的长者和贤人争相依附，跟随他们的车子每天都有几百辆。(《史记·袁盎晁错列传》)

因为这件事，后人对汉景帝颇有微词。汉景帝的表现太像“渣男”了——爱的时候，晁错拆了宗庙外墙都没关系，活活气死了丞相申屠嘉；转眼不爱了，只因为袁盎一席话就来个“衣朝衣斩东市”，还把晁错满门抄斩。仔细一想，在“七国之乱”这整件事中，无论正方还是反方，似乎都找不出一个好人。说这件事是诸侯王勇于捍卫自己的合法权益，或是明君贤臣勇于对分裂割据势力宣战，从情感上看，都不如说是狗咬狗的一场乱斗来得贴切。

晁错被杀得干净利落，不但杀在众目睽睽之下，而且全家都被杀光，不分男女老少。之所以杀得这么招摇，是为了让叛军看清楚这是真杀，绝对没有弄虚作假。

景帝追悔

朝廷表态表得这样诚恳，接下来就该进入议和程序了。使者除了袁盎，还有一位宗正官，名叫刘通——他是刘濞的亲侄子，两人都属于刘邦二哥刘仲那一支。看看这两名使节，一位是前任吴国国相，杀晁错的主谋，一位是刘濞血缘很近的亲人，朝廷的姿态不可谓不低。那么，议和到底能不能成功呢？

原文：

谒者仆射邓公为校尉，上书言军事，见上，上问曰："道军所来，闻晁错死，吴、楚罢不？"邓公曰："吴为反数十岁矣，发怒削地，以诛错为名，其意不在错也。且臣恐天下之士拑口不敢复言矣。"

上曰："何哉？"邓公曰："夫晁错患诸侯强大不可制，故请削之以尊京师，万世之利也。计画始行，卒受大戮；内杜忠臣之口，外为诸侯报仇，臣窃为陛下不取也。于是帝喟然长息曰："公言善，吾亦恨之！"

就在袁盎和刘通离开长安的这段时间，前线有一名人称邓公的军官回到长安禀报军情。汉景帝询问他："吴、楚听说晁错伏诛的消息，有没有休战的意思呢？"

邓公的回答是："吴王谋划造反已经谋划了几十年，晁错削藩只不过是吴王起兵的导火索而已。吴王拿诛晁错为借口，狼子野心其实并不在晁错身上。晁错一死，恐怕天下有识之士从此都不敢说真话了。"汉景帝连忙追问："这是为什么呢？"邓公答道："晁错的削藩之计可以为朝廷收万世之利，但计划刚刚付诸实施，自己就落得这样一个下场。陛下您这样做，对内堵死了忠臣的嘴，对外替敌人报了仇，不明智啊。"这话说得直截了当，汉景帝喟然长叹："您说得对，我也后悔了啊。"

这样看来，似乎汉景帝只是一时受了袁盎的蒙蔽，现在反应过来了。然而袁盎并没有被问罪。这到底是为什么呢？最有可能的原因是：第一，邓公说吴王刘濞几十年来一直在筹划反叛，这纯属夸张，汉景帝对此心知肚明；第二，做领导要有既往不咎的智慧，如果惩治袁盎，就等于承认晁错杀错了，对于政教合一的帝国而言，这太有损皇帝的权威，不如将错就错。而且，杀晁错确实可以增加朝廷一方的正当性——既然晁错已经伏诛，朝廷也愿意恢复被削诸侯王的领土，如果七国联军还不撤军的话，那就是不折不扣的乱臣贼子了，人人得而诛之。

031 周亚夫是怎么成功避过伏击的

议和失败

原文：

袁盎、刘通至吴，吴、楚兵已攻梁壁矣。宗正以亲故，先入见，谕吴王，令拜受诏。吴王闻袁盎来，知其欲说，笑而应曰："我已为东帝，尚谁拜！"不肯见盎，而留军中，欲劫使将；盎不肯，使人围守，且杀之。盎得间，脱亡归报。

就在邓公觐见汉景帝的时候，袁盎和刘通也到了吴王刘濞那里，要做一番化干戈为玉帛的努力。如果他们早到几天，事情也许还可以谈，但此时此刻，吴楚联军已经对梁国发起攻坚战了。

刘通因为是吴王刘濞的亲侄子，首先被刘濞接见。刘通按照规矩请刘濞下拜接受诏书。刘濞知道袁盎也来了，猜出了这两位使臣的意图，便笑着回应道：“我已经是东帝了，谁有资格受我一拜呢？”他的言下之意是，关东地区已经尽在他的掌控之下，长安的汉景帝只不过是西帝，说话只在关中管用，双方是平起平坐、分庭抗礼的关系。刘濞撂下这样一句狠话，就结束了会面，根本不和袁盎见面，只是把袁盎扣留在军营里，强迫他为叛军效力。袁盎不干，刘濞便派人看管着他，准备杀他，但最终被袁盎逃掉了。

《史记》交代了细节，说当时吴王刘濞派了一名军官，带着五百人，将袁盎围困军中。本来袁盎插翅难飞，却没想到救星来了。当初袁盎在吴国担任国相时，一名部下和袁盎的侍女私通，袁盎虽然知情，但一直装聋作哑。终于有一天，那名部下知道奸情败露，畏罪潜逃，没想到袁盎亲自追上了他，不但把侍女赐给了他，还让他官复原职。袁盎被困在吴军大营的时候，当年那名部下正在营中担任军官。报恩的时刻来了。老部下买了美酒，灌醉了看管袁盎的士兵，带着袁盎脱离险境。（《史记·袁盎晁错列传》）

这件事不管有几分真，至少再一次为我们展现了汉朝人快意恩仇的做派。老部下没有因为自己身为吴国军官，就把服从命令当成天职，把以前的恩人当成仇人对待，但他救援袁盎也不是因为深明大义，站在朝廷一边反对诸侯王，总之，私人恩怨高于一切。

以梁委吴

原文：

太尉亚夫言于上曰：“楚兵剽轻，难与争锋，愿以梁委之，绝其食道，乃可制也。”上许之。

议和无望，战争不可避免，周亚夫向汉景帝提出了自己的战术构想：“吴楚联军战斗力很强，正面作战咱们胜算不大，不如就别管梁国了，全力去截断吴楚联军的补给线，只有这样才可以克敌制胜。”言下之意是，虽然梁王刘武是陛下的亲弟弟，但为了宗庙社稷，就让他自求多福吧。

汉景帝没意见，批准。整个“七国之乱”前前后后，汉景帝表现出一以贯之的领导特色：特别没主见，谁的意见都对，都批准。

周亚夫的这个策略能有多大的胜算，全看梁王刘武能不能坚守睢阳，把吴楚联军拖到补给线被截断的时候。那么，汉景帝对周亚夫有信心吗？汉帝国的子民对汉景帝又有多少信心呢？

我们可以参考《史记·货殖列传》的一段记载：

当时长安城里有不少彻侯要随军出征，为了置办装备，需要向富人借贷，但放贷的人纷纷捂紧了钱袋子，原因是担心彻侯们虽然人在长安，封地却远在关东地区，如果刘濞等人打赢了，自己借出去的钱可就打水漂了。只有无盐氏拿出千金放贷，但是，“其息什之”。这句原文不好理解，可能指利息是常规标准的十倍，或者利息是本金的十倍，总之利率惊人，显然是要从高风险中搏一搏高收益。后来“七国之乱”平息，无盐氏一跃成为关中首富。

民间金融市场的表现，足以让人看出比金子还重要的信心在当时比金子还稀缺。长安一带的富商大贾谈不上有什么国家认同感，对于这一场关乎国本的恶战，他们在乎的仅仅是生意的盈亏。大概他们在心里盘算过：就算汉景帝被推翻了又如何？太阳还不是照常升起？

改道洛阳

关于周亚夫的军事行动，不同的史料给出了彼此矛盾的细节，我们就依从司马光的剪裁取舍，不做深究。

原文：

亚夫乘六乘传，将会兵荥阳。发至霸上，赵涉遮说亚夫曰："吴王素富，怀辑死士久矣。此知将军且行，必置间人于殽、渑阸狭之间；且兵事尚神密，将军何不从此右去，走蓝田，出武关，抵洛阳！间不过差一二日，直入武库，击鸣鼓，诸侯闻之，以为将军从天而下也。"

周亚夫从长安出发，准备和大军在荥阳会合。行经霸上，有一个叫赵涉的人拦车求见，替周亚夫做了一番谋划。赵涉认为，吴国太有钱了，早就在以重金豢养死士。如今得到了周亚夫前往荥阳的情报，吴国一定会派死士埋伏在殽山和渑池之间的险要地段。周亚夫应该绕道走，一来可以避开吴国的伏击，二来用兵之道贵在出人意料，绕道走蓝田，出武关，抵洛阳，代价不过是多花一两天的时间，但从洛阳直入武库，敲响战鼓，足以制造出神兵天降的效果。

第三辑里讲过，汉武帝时代，王夫人很受宠，生下一个儿子名叫刘闳。王夫人病重之时，汉武帝亲自去跟她商量刘闳的分封问题。王夫人希望把刘闳封在洛阳，但汉武帝没同意，说洛阳正当关口，是天下咽喉，而且洛阳有武库和敖仓，武库储备武器，敖仓储备粮食，这是国家的两大命脉，所以洛阳必须由中央直辖，无论如何都不能分封出去。[1]汉帝国这样的制度安排，在平定“七国之乱”的时候发挥了很大作用。

原文：

太尉如其计，至洛阳，喜曰：“七国反，吾乘传至此，不自意全。今吾据荥阳，荥阳以东，无足忧者。”

使吏搜殽、渑间，果得吴伏兵。乃请赵涉为护军。

周亚夫依计而行，顺利抵达洛阳。他惊喜交加：“七国造反，我乘坐驿站马车从长安到洛阳，真没想到一路上竟然安然无恙。如今我据守在荥阳，荥阳以东的地方就没什么值得担忧的了。”这就意味着，周亚夫并不是在关中地区整顿军队，浩浩荡荡东出函谷关，而是轻装简行，率先抵达洛阳，和各路军队会合。这是颇有风险的安排，周亚夫敢于去赌，并且赌赢了。

等一切安顿停当，周亚夫派人到殽山、渑池之间的险要地带执行搜索任务，果然发现了吴国派来的伏兵。赵涉因为献策有功，荣升护军。我们不免好奇：假如赵涉不曾现身，周亚夫会不会被吴国埋伏的死士杀掉？“七国之乱”的结局又会不会改写呢？无论如

1 详见《资治通鉴熊逸版》（第三辑）第125讲。

何，虽然吴国派死士潜伏到汉帝国中央政府直辖区境内，在咽喉要道伏击周亚夫的计划功败垂成，但计划本身已经算得上非常高明的“斩首行动”[1]了。

大侠剧孟

周亚夫之所以胸有成竹，《史记》和《汉书》还给出了一个理由：周亚夫本以为叛军得到了洛阳大侠剧孟的支持，没想到剧孟此时不但是自由身，而且甘心站在周亚夫一边。周亚夫大喜过望，认为有了剧孟的支持，不亚于得到一个大国诸侯的帮助。但是，司马光删掉了这段内容，还在《通鉴考异》里分析说，剧孟不过是一介游侠，不可能对国家大事施加什么举足轻重的影响，《史记》《汉书》的这些记载肯定是剧孟的同党为了抬高剧孟的地位而胡编乱造出来的，完全不可信。(《通鉴考异 · 卷一 · 汉纪上》)

然而，司马光的看法很可能武断了。司马迁在《史记》中专门为游侠立传，按他的记载，剧孟名噪当时，绝对是一位不容小觑的人物。司马迁特意说明，洛阳一带商业风气很浓，出名的人物都是富商大贾，

1 旨在消灭对方首领的军事行动。

唯独剧孟以任侠风范名动诸侯。(《史记·游侠列传》)

《史记·袁盎晁错列传》讲到，“七国之乱”平息以后，剧孟拜访袁盎，很受善待。当时有富人不理解，说剧孟不过是个赌徒，不值得袁盎如此重视。袁盎回答：“剧孟这个人确实好赌，但在他母亲过世的时候，前来送葬的客人络绎不绝，车驾上千辆，这就足以见出剧孟的过人之处。再说，人难免会遇到危难，需要向人求助，而能让被求助的人不以父母为借口，不以自身安危为托词，全心全意信赖的，全世界就只有季心和剧孟两位。您现在身边的确有几个人跟随，但真的到了危难之际，这几个人靠得住吗？”袁盎把这个富人骂了一顿，从此绝交，似乎有点小题大做，不通情理，但是，当时凡是听说了这件事的人，都称赞袁盎的见识。(《史记·袁盎晁错列传》)

侠客能量惊人，这是当时的社会特色。当然，皇帝一定不喜欢侠客，因为一来“侠以武犯禁”，二来侠客的号召力太强。所以，汉景帝在坐稳江山之后，就要对大侠们下手了。到了汉武帝时代，皇帝强化中央集权，侠客们从此断了生路。不过这是后话，在“七国之乱”前后，剧孟这种级别的大侠即便不能真的比肩大国诸侯，也还是举足轻重的。朱熹有过一段很中肯的议论，说司马光编修《资治通鉴》，凡是有关权谋、术数的内容往往不予记载，代价就是“却不见得当时风俗”。如果真如司马光所说，剧孟的事情是后人的夸大，那当时还有一位周休，一夜之间召集三万人，难道也是假的？司马光不提剧孟，却采录了周休的事迹，估计是因为周休作为侠客的名气远不如剧孟，所以大意了吧。(《朱子语类 · 卷八十三》)

032

周亚夫为什么坚决不救援梁国

直指昌邑

原文：

太尉引兵东北走昌邑。吴攻梁急，梁数使使条侯求救，条侯不许。

周亚夫现在以荥阳为大本营，不愁吃，不愁用，可以和叛军拼消耗了。而从荥阳继续向东，就是梁国首府睢阳，梁王刘武正在那里据城死守，城下是挟着胜利余威、士气高涨的吴楚联军。周亚夫按照原计划，对睢阳不闻不问，挥大军直指昌邑。

昌邑是梁国的一座县城，位于睢阳东北偏北约一百二十公里的地方，在今天的山东省菏泽市巨野县南。《资治通鉴》并没有解释周亚夫为什么要去昌邑，不过《汉书》提到，楚王刘戊在和吴王刘濞合兵之后，向西进军梁国，攻破一个叫棘壁的地方，然后打到昌邑南，和周亚夫会战。(《汉书·楚元王传》) 总之，周亚夫虽然没有直接去解睢阳之围，还是替梁王刘武分担了不小的压力。

《史记》给出过一个说法：周亚夫用的是邓都尉的谋略。周亚夫是周勃之子，这位邓都尉当年是周勃的门客。虽然周勃在汉文帝时代很受压制，甚至遭到诬陷、迫害，但这种级别的人物就算再怎么郁郁而终，总能给子孙后代留下宝贵的无形资产。邓都尉给周亚夫的建议是："吴国军队锐不可当，难与争锋，楚国军队作风轻浮，不能久战。为今之计，不如向东北进军，在昌邑县城深沟高垒，不去救援睢阳，让睢阳承受吴军主力部队的强攻。我们可以派出机动部队出击淮水和泗水的交汇处，截断吴军的补给线。到了那个时候，吴军前有坚城，后无粮草，战斗力会降到最低点，我们再以生力军发动攻击，就十拿九稳了。"(《史记·吴王濞列传》)

那么问题来了：为什么周亚夫集结了汉帝国的主力部队，反而采取守势？这似乎只能说明周亚夫手上其实并没有多少军队。从吴楚联军的反应来看，这一点也可以得到佐证——吴楚联军的主力以攻克睢阳为当下的战术目标，只分出一支别动队对昌邑发动进攻。

假如真有几十上百万大军进驻昌邑，浩浩荡荡连营几百里，吴楚联军怎么都不可能是这样的反应。

我们评估汉帝国的军力时，说周亚夫担任太尉，统率“三十六将军”，这还不算郦寄、窦婴、栾布的军队；晁错劝汉景帝御驾亲征，理由是“兵数百万，独属群臣，不可信”。凡此种种，都让人感觉平叛事业如同泰山压卵，但实际上似乎并不是那么回事。不过，汉帝国就算兵力有限，却人才济济——最高指挥官有周亚夫，厉害的谋士有赵涉和邓都尉，江湖豪侠有剧孟，梁王刘武虽然败得惨痛，但至少把叛军主力牢牢地牵制住了。

拒救梁王

在吴楚联军的强攻之下，睢阳守得相当吃力。梁王刘武不断派出使者向周亚夫求援，但周亚夫维持原定战术不变，拒不发兵。

原文：

又使使诉条侯于上，上使告条侯救梁，亚夫不奉诏，坚壁不出，而使弓高侯等将轻骑兵出淮泗口，绝吴、楚兵后，塞其饷道。

刘武急疯了，派使者到长安向汉景帝控诉周亚夫见死不救。汉景帝先前已经和周亚夫商量过，不管梁国的死活，但眼下周亚夫不在，梁国的使者在，这位没主见的皇帝赶紧下诏，命令周亚夫救援睢阳。然而，周亚夫特别有主见，态度表达得很明确：就算睢阳被攻破了，梁王刘武被叛军杀了，我也只当没看见。

平心而论，这个战术有两重隐患：其一，周亚夫并不能保证睢阳一定守得住，而一旦失守，吴楚联军就会士气大振，同时还能获得大量军需补给，周亚夫派别动队截断吴楚联军补给线的意义就会大打折扣。其二，就算睢阳守得住，"七国之乱"因此被敉平，梁王刘武也一定恨透了周亚夫，国家大事从此将变成私人恩怨。

如果我们以小人之心揣度当时的局势，很可能周亚夫和汉景帝形成了一种默契：周亚夫相信汉景帝一定乐于看到梁王刘武的死，如果刘武可以和叛军两败俱伤，甚至同归于尽，那最好不过。汉景帝也知道周亚夫心里有数，所以才在梁国使者面前故作姿态。这样的揣测虽然可能过于龌龊，但至少我们知道，在周亚夫内心的天平上，梁王刘武的生死存亡一点都不重要，而汉景帝如果真的想救梁王刘武，就算调不动周亚夫的兵，至少可以调动郦寄、窦婴和栾布的兵，但他并没有。

周亚夫屯兵昌邑，一切都按照既定计划进行：一方面主力部队固守昌邑，防御吴楚联军别动队的进攻；另一方面对岌岌可危的睢阳城坐视不理；与此同时，再派自己的别动队绕到吴楚联军后方，在淮水和泗水的交汇处切断吴楚联军的补给线。值得一提的是，周亚夫这支别动队的统帅名叫韩颓当，是韩王信的儿子。当年刘邦平定天下，分封八大异姓王，韩王信就是其中之一。后来韩王信造反，一度带着太子投奔匈奴。到了匈奴颓当城的时候，韩王信有一个儿子出生，以出生地取名，就叫韩颓当。同一时间，韩王信的太子也生了一个儿子，取名韩婴。后来韩王信兵败被杀，韩颓当和韩婴就留在了匈奴生活。也就是说，这年纪相当的叔侄二人虽然是韩王信的后裔，但从小是在匈奴人的环境里成长起来的。到了汉文帝前十四年（前166年），因为汉帝国不再与匈奴和亲，老上单于亲自统率十四万大军，浩浩荡荡突破长城，攻入北地郡，大肆劫掠，甚至派出别动部队深入汉帝国腹地，烧了皇帝的回中宫，还在甘泉宫下耀武扬威。[1]

这个时候，晁错的“徙民实边”和“入粟拜爵”方案实施还不到一年，其成效不足以应付匈奴的大举

1 详见前文第013讲。

入侵。堂堂汉帝国就这样被匈奴按在地上肆意摩擦。恰在此时，韩颓当和韩婴率领本部人马前来投奔，让汉文帝非常惊喜，于是封韩颓当为弓高侯，韩婴为襄城侯。(《史记·韩信卢绾列传》) 周亚夫平定“七国之乱”的时候，弓高侯韩颓当就在周亚夫帐下听用。

既然以韩颓当为别动队的统帅，那么不问可知，这是一支精锐骑兵，机动性很强。韩颓当不辱使命，成功截断了吴楚联军的补给线。平定“七国之乱”后，论功行赏，韩颓当的军功在所有将领当中排名第一。(《史记·韩信卢绾列传》)

固守不战

原文：

梁使中大夫韩安国及楚相张尚弟羽为将军；羽力战，安国持重，乃得颇败吴兵。吴兵欲西，梁城守，不敢西；即走条侯军，会下邑，欲战。条侯坚壁不肯战。吴粮绝卒饥，数挑战，终不出。

梁国当然也有能人，不然守不住睢阳这么久。梁王刘武的左膀右臂，一个是韩安国，一个是张羽。韩安国在后文还有很重的戏份，此刻，他正在以他的谨慎作风指挥城守工作。这回吴楚联军犯难了：原本以长安为目标，现在路还没走多远，就被睢阳挡住了，怎么办呢？那就转而进攻昌邑好了——消灭了周亚夫的中央军主力，睢阳也支撑不了多久。这样的战术相当让人看不懂，但至少佐证了前文的一个推断——周亚夫的兵力并不太强，大概率相比吴楚联军有一定差距，不然吴楚联军也不至于在周亚夫的深沟高垒面前悍然采取攻势，并且有把握在取胜之后挟余威拿下睢阳。

就这样，吴楚联军重新集结，对周亚夫的营垒发起强攻。周亚夫的对策一成不变：只固守，不出战。冷兵器时代，攻坚战从来都很难打。吴楚联军攻睢阳攻不下，转攻昌邑也攻不下，而就在这个时候，韩颓当成功截断了吴楚联军的补给线。

吴楚联军很快就陷入了缺粮的困境，唯一脱困的办法就是速战速决。于是，联军频繁向周亚夫的营垒发动强攻。面对接二连三的强悍攻势，守军即便守得住，也有些疲于奔命了。

夜惊事件

原文：

条侯军中夜惊，内相攻击，扰乱至帐下。

某天夜里，周亚夫的军营当中忽然发生了“夜惊”事件。所谓“夜惊”，就是士兵在夜里被吓到了，拿起武器乱砍乱杀。

军营当中之所以会发生“夜惊”，原因很简单：连番交战之下，每个人的神经都高度紧张，只要稍有风吹草动，就会引发过激反应。罗振宇老师在一期节目里讲过：“古代这种事很多，其实直到现代还有。最著名的一次，是解放战争的淮海战役当中，国民党孙元良率领的十六兵团从陈官庄突围，突围的时候基本无损，撤退到萧县宿营。结果宿营过程中，遭到解放军小股部队夜袭。那就是游击队放几枪而已，结果几万人的大军神经顿时崩溃，全军自相残杀，就此溃散，孙元良最后出来时身边只剩几百人。”[1]

在周亚夫军营的“夜惊”事件里，我们不知道起因究竟是吴楚联军派出了特种兵引发骚乱，还是军人在高压之下神经崩溃，总之，大营之中喊打喊杀，一直喧哗到周亚夫的营帐旁边。

1 参见得到 App 课程《罗辑思维·启发俱乐部》第 550 期。

033

七国之乱为什么会失败

若无其事

原文：

亚夫坚卧不起，顷之，复定。

一般来说，军营里发生了“夜惊”事件，全军统帅必须做出最快的反应，以雷霆手段制止骚乱。但周亚夫偏偏反其道而行之，继续睡觉，就像什么事情都没有发生一样。结果没过多久，骚乱就自然平息了。

我们读这段历史，会很钦佩周亚夫的智谋和定力——身为统帅，若无其事地安定了军心，这真不是普通人做得到的。不过，周亚夫这种应对方式，恐怕在绝大多数情况下都是无效的，别人若是照方抓药，反而容易弄巧成拙。回顾当年细柳营的阵仗，周亚夫的军营一定有严明的军纪，所以，就算某个局部发生了骚动，也不可能一石激起千重浪。应该是基于这个自信，周亚夫才能够好整以暇，淡定处之。但凡军纪差一些，或者军营里新兵占比多一些，又或者军人们的精神压力大一些，那么一点点骚动就有可能诱发群体事件。大家看主帅迟迟不露面，只会往坏处想，认为主帅已经逃跑或者遇害了。

应付这种局面的好榜样并不是周亚夫，而是三国年间的曹魏名将张辽。张辽驻军长社，某天夜里不但爆发了“夜惊”，而且起了火，全军都乱了。张辽首先做判断：“难道全军都造反了吗？这当然不可能，一定是有人制造恐慌。”判断之后，他给出了应对方案：第一步是下令全军，让没造反的人好好坐着，不要乱动；第二步是亲自率领几十名亲兵肃立在军营中央。没过多一会儿，骚乱就平息了下来，制造恐慌的人被揪出来杀了。(《三国志 · 魏书 · 张辽传》) 张辽的经验可以学习，容易复制，而周亚夫的经验就很难被学习和复制了。

吴楚兵败

原文：

吴奔壁东南陬，亚夫使备西北；已而其精兵果奔西北，不得入。

吴楚联军急攻周亚夫营垒的东南段，周亚夫却下令让营垒的西北段严加防备。果然，没多一会儿，吴楚联军的精锐就向营垒西北段发动强攻，不过在周亚夫的部署之下无功而返。

这段记载如果属实，就意味着周亚夫的营垒规模很小，是被吴楚联军围起来打的。而吴楚联军既然敢在坚壁之下打围城战，就说明双方兵力悬殊。如果按照《孙子兵法》的说法，“十则围之”，也就是说吴楚联军的兵力竟然在周亚夫兵力的十倍以上，这实在让人难以想象。总之，我们通过各个细节都可以模糊地感受到，周亚夫在兵力上即便不处于绝对劣势，大概率不会比吴楚联军更强。

前文有过分析，当时汉帝国的二十二个诸侯国中，真正起兵叛乱的只有七个。叛军不但没占地利，不得人和，在实力上也处于下风。[1] 然而，为什么在仗打起来之后，周亚夫这边本该有的实力优势竟然完全体现不出来，反而越看越像是在打一场以少胜多、以弱胜强的硬仗呢？恐怕只有两种可能：要么是吴楚联军以快打慢，汉帝国的兵力还没有完全集结起来；要么是为了突出胜利者周亚夫的指挥能力，就必须弱化他营垒

1　详见前文第 027 讲。

的军事实力。究竟是哪种情况，就只能见仁见智了。

原文：

吴、楚士卒多饥死叛散，乃引而去。二月，亚夫出精兵追击，大破之。吴王濞弃其军，与壮士数千人夜亡走；楚王戊自杀。

这场声东击西的强攻耗尽了吴楚联军最后的战斗力。粮食不够吃了，开始有人被饿死，士气也提振不起来。士兵们有叛逃的，有开小差的，吴王刘濞和楚王刘戊眼睁睁看着队伍带不动，无奈之下只有撤军。这个时候，周亚夫终于打开营垒，派精锐部队发动追杀，大破吴楚联军。

溃败之下，叛军两位主帅的反应大不一样：吴王刘濞舍弃了自己的大部队，只带着几千精锐连夜逃亡，不禁令人想起垓下突围的项羽；楚王刘戊则有一股年轻人的狠劲，自杀了。

田禄伯计划

吴楚联军失败的原因，如果按照常规的历史书写，当然是汉景帝英明神武，周亚夫指挥得当，坏人们倒行逆施，不顺天意，不得人心。但幸好司马迁写《史记》的时候并没有这种规范的正统意识，所以他从战术角度分析过叛军的失败原因——这些内容在《资治通鉴》里也得到了呈现。

原文：

吴王之初发也，吴臣田禄伯为大将军。田禄伯曰："兵屯聚而西，无他奇道，难以立功。臣愿得五万人，别循江、淮而上，收淮南、长沙，入武关，与大王会，此亦一奇也。"吴王太子谏曰："王以反为名，此兵难以借人，人亦且反王，奈何？且擅兵而别，多他利害，徒自损耳！"吴王即不许田禄伯。

汉帝国这边人才济济，叛军那边也不都是废物。吴王刚刚起兵的时候，大将军田禄伯提出过一个作战方案：主力部队一路西进，自己带一支五万人规模的别动队，沿长江、淮河逆流而上，夺取长沙国、淮南国，直入武关，和主力部队在关中会师。

田禄伯的这个方案，从兵法上说叫有正有奇，奇正相合，我们熟悉的刘邦、项羽灭秦之战差不多就是这么打的：项羽为正，刘邦为奇，虽然不是预谋，但客观上造成了这样的效果。项羽和秦帝国的主力部队进行正面决战，胜利之后一路向西，进入函谷关；刘邦在南边打，最后攻破武关，北上进军咸阳。

田禄伯计划的可行性看起来很高，他规划的行军路线中，作为阶段性目标的长沙国和淮南国应该都不难打——长沙王刘发不但是汉景帝最不喜欢的儿子，而且年纪尚小；淮南王刘安原本就打算响应吴王刘濞的反叛号召，只是被淮南国相骗去了兵权。然而，田禄伯的计划没有得到执行。因为吴国太子刘驹劝谏父王，说我们干的是造反的事业，打出来的是造反的旗号，如果把兵力分给别人指挥，倘若别人也来造我们的反，那可怎么办呢？如果田禄伯带着别动队投降汉帝国，为他自己争取立功受赏的话，我们可就亏大了。不如集中兵力，握紧拳头。话很在理，刘濞完全听了进去，田禄伯计划就此作废。

显然，问题的关键就是刘濞父子对田禄伯缺乏足够的信任。以利害关系来做判断：田禄伯如果忠于吴王，等仗打赢了，当然晋升官职。但田禄伯如果只想晋升官职的话，其实根本就不必费力打仗，更不必拿性命去赌输赢，只要向汉军缴械投降就万事大吉了，这才是低成本、高收益的唯一办法。所以，刘濞父子应该是认为，一旦让田禄伯执行计划，大概率就是后一种结果。

桓将军计划

原文：

吴少将桓将军说王曰："吴多步兵，步兵利险；汉多车骑，车骑利平地。愿大王所过城不下，直去，疾西据洛阳武库，食敖仓粟，阻山河之险以令诸侯，虽无入关，天下固已定矣。大王徐行，留下城邑，汉军车骑至，驰入梁、楚之郊，事败矣。"吴王问诸老将，老将曰："此年少，椎锋可耳，安知大虑！"于是王不用桓将军计。

当时还有一位桓将军提出建议，说吴军胜在步兵，步兵要在险要之地才能发挥威力，而汉军胜在车兵和骑兵，适合在平原地带驰骋。所以吴国军队的最佳战术应该是拼时间，抢速度，沿途不要攻城略地，只要直扑洛阳就好。到了洛阳，夺取武库的军需物资，控制敖仓的粮食储备，据山河之险号令诸侯。这个时候，就算没有西入函谷关，天下局势也已经尽在掌握了。如果行军速度不够快，时间都耗在攻城略地上面，那么等到汉军的车兵和骑兵进入梁国和楚国交界处的广袤平原，吴国就输定了。

桓将军的计划和周亚夫那边赵涉的想法不谋而合。双方都以洛阳为目标，谁抢先一步占据洛阳，控制武库和敖仓，谁就胜利了一半。但是，赵涉建议周亚夫，周亚夫一点就透；桓将军建议吴王刘濞，刘濞却拿不定主意，要去找军中老将商量。按理说集思广益本来没错，但老将们给出的意见是："这个年轻人啊，冲锋陷阵是把好手，动脑子的活可不是他的强项。"就这样，桓将军计划也像田禄伯计划一样流产了。

假如以上记载就是事情的全貌，那么我们可以做出判断：老将们的意见完全是针对桓将军这个人，而不是针对桓将军的军事计划，而吴王刘濞竟然对此全无察觉，脑筋确实迟钝了些。假如田禄伯和桓将军的计划都可以顺利实施的话，最后谁输谁赢，恐怕真的很难说。吴王刘濞用心经营吴国几十年，打造出了一个人间天堂。有这样的国力，不难吸引到第一流的人才，可刘濞却没本事恰当利用这些人才。

034

周丘为什么能在短时间内崛起

无行周丘

原文：

王专并将兵。兵未渡淮，诸宾客皆得为将、校尉、候、司马，独周丘不用。周丘者，下邳人，亡命吴，酤酒无行，王薄之，不任。

周丘是刘濞门下的一名门客。当时刘濞给门客都派了职务，唯独漏掉了周丘，这并不是因为疏忽。周丘本是下邳人，在家乡犯了法，逃亡到吴国。按说他侥幸在吴国安身立命，做了吴王的门客，总该有点感恩之情和认真的态度，但他“酤酒无行”，爱喝酒，为人没正形，很像发迹前的刘邦，所以刘濞看不惯他。

下邳在今天的江苏省睢宁县古邳镇，不是个普通的地方。战国时，下邳属齐国，是邹忌的封地。后来，张良在博浪沙刺杀秦始皇失败，就在下邳躲了十年，传说从“圯上老人”那里得到了兵法真传——总之，张良在这里混成了任侠，还藏匿过杀人犯项伯，过的显然是不属于编户齐民的江湖生活。[1] 所以，在下邳这种任侠土壤里，出现周丘式的人物，一点都不奇怪。

到了汉朝，下邳一度成为韩信的楚国的国都，但仅仅一年，就随着韩信的倒霉而被划入汉帝国直辖的东海郡。按说东海郡可以和吴国沟通，请吴国协助缉捕逃犯周丘，但吴王刘濞就是要收留各地的逃亡者。汉政府不想撕破脸，只好听之任之。

周丘持节

原文：

周丘乃上谒，说王曰：“臣以无能，不得待罪行间。臣非敢求有所将也，愿请王一汉节，必有以报。”王乃予之。周丘得节，夜驰入下邳；下邳时闻吴反，皆城守。至传舍，召令入户，使从者以罪斩令，遂召昆弟所善豪吏告曰：“吴反，兵且至，屠下邳不过食顷。今先下，家室必完，能者封侯矣。”出，乃相告，下邳皆下。

1 详见《资治通鉴熊逸版》（第三辑）第 044 讲。

在吴王调兵遣将时，周丘不满自己被区别对待，于是和刘濞商量：“我确实没什么本事，不敢要求当个将军，但只要大王给我一个‘汉节’，我必有所回报。”所谓“汉节”，就是汉政府使者手持的信物，代表皇帝的授权。按说刘濞手里不该有这种东西，但史料记载刘濞确实有，周丘也知道他有。田禄伯和桓将军的计划没能实施，最位卑言轻的周丘却独当一面，因为他提出的方案里，成本和风险约等于零，刘濞只需胡乱打发一下周丘，由着他折腾，至少不会有什么害处。

话说周丘拿到汉节，连夜飞奔回老家下邳。下邳距离吴国不远，当时已得到吴王起兵的消息，紧闭城门，严加防范。周丘手持汉节，冒充朝廷使者召见下邳县令，一见面就把县令杀了，然后召集兄弟朋友和下邳官吏，宣告道：“吴国造反，大军转眼就要杀到下邳，顷刻就能屠尽全城。大家只有马上投降才能保家人平安，有才干的人还可趁机立功封侯。”

周丘一连做对了三件事：第一，杀县令，先声夺人；第二，贩卖焦虑，渲染紧迫感；第三，率先拿下少数意见领袖。这是搞欺诈和煽动群众运动的经典三板斧。

周丘之死

原文：

周丘一夜得三万人，使人报吴王，遂将其兵北略城邑。比至阳城，兵十余万，破阳城中尉军。闻吴王败走，自度无与共成功，即引兵归下邳，未至，疽发背死。

壬午晦，日有食之。

周丘在下邳城开完内部会议后，与会者迅速传播消息。短短一夜之间，下邳城举城投降，三万人簇拥在周丘旗下，愿意效力立功。

消息传到吴王那里，刘濞大吃一惊，于是趁热打铁，让周丘统率下邳军团，北上攻城略地。周丘带兵打仗竟然也是一把好手，一路打到城阳。城阳是当年朱虚侯刘章的受封之地，现任城阳王是刘章之子刘喜。前文讲过，响应叛乱的齐地诸王达成一致意见，认为城阳景王刘章“有义”，所以对刘喜特殊对待，没让他参加盟军。[1] 按说刘喜可以坐观成败，没想到周丘势如破竹地打过来了。打到城阳时，周丘军团已经从三万人发展到了十多万人，而且再创佳绩，击破城阳的主力部队。

1 详见前文第 027 讲。

照此发展下去，估计用不了多久，周丘就该横扫齐、赵，并吞燕、代，和周亚夫有一场巅峰对决。偏偏就在这时，传来了吴王刘濞兵败的消息——支线打得这么出彩，一路高歌猛进，谁知主线竟然崩了，让人情何以堪！审时度势之下，周丘准备撤回下邳，但半路上后背生疮，竟然就这么死了。此时日食发生，为周丘之死蒙上了一层灰暗的色彩。

很遗憾，我们无法得知周丘当时的想法，不知他撤军下邳的目的是什么。假如没有“七国之乱”，周丘大概一辈子都是酒囊饭袋，没有一丁点发光发热的机会。假如可以重新选择，不知他是会愿意在世人的冷眼里庸碌无为、平安一世，还是会义无反顾地投入一场注定惨败的战斗，成为史家标记的乱臣贼子？

周丘璀璨登场，幕布还未彻底拉开，就以凄凉的姿态告别了舞台。最让人瞠目结舌的是，短时间之内，周丘振臂一呼召集三万大军，连战连捷，兵力发展到十几万，简直就是陈胜、吴广大泽乡起义的翻版。如果史料没有夸大其词，这就意味着汉帝国对东部沿海地区的控制力相当薄弱，即便是直辖郡县的民众对汉帝国都没有心理认同。

吴王弃军

现在回看吴楚联军的失败，关键在于吴王刘濞实在没有做领袖的能力。他在和平时期可以倚仗山海之利，打造一个繁荣富强的吴国，面对战时各种艰难、急迫的选择，却显得既无魄力，又无担当。历史上有些领袖，可以共患难，却不可共安乐，越王勾践就是典型；而吴王刘濞，则是可以共安乐，却不可共患难。

原文：

吴王之弃军亡也，军遂溃，往往稍降太尉条侯及梁军。吴王渡淮，走丹徒，保东越，兵可万余人，收聚亡卒。汉使人以利啖东越，东越即绐吴王出劳军，使人鏦杀吴王，盛其头，驰传以闻。吴太子驹亡走闽越。

吴王刘濞悄悄逃走，很快，吴楚联军群龙无首，终于崩溃：有逃散的，也有投降周亚夫和梁王刘武的。吴王刘濞一路向南，逃到丹徒，就是今天的江苏省镇江市丹徒区，准备继续向南，到东越地区避难。

东越是南方越人的势力范围。第三辑里讲过，百越各部，以闽越首领无诸和瓯越首领摇实力最强，当反秦浪潮兴起时，他们各自带着部众投奔番君吴芮，配合诸侯共同灭秦。《史记》说，项羽分封时，没封无诸和摇，他们自然不肯归附项羽。等到刘邦讨伐项羽时，他们顺理成章地配合了刘邦，所以刘邦为无诸封了王。[1]孝惠帝三年（前192年），朝廷追念越人的功劳，又立了摇为东海王，定都东瓯，就是今天的浙江省温州市鹿城区，因此俗称他为东瓯王。（《史记·东越列传》）吴王刘濞起兵时，争取过闽越，但闽越不干，只有东瓯响应。所以刘濞在兵败之后，就把东瓯当成盟友。他退入丹徒，准备前往东瓯时，身边已有一万多人，看上去重整旗鼓已不是难事。

南方越人的各王国，名义上很像异姓诸侯国，实际上原本就是越人的地盘，有各自的越人首领，汉政府控制不到，只是给他们一个加封，确认一下名分而已。当刘濞准备逃往东瓯时，汉帝国并未直接追杀他，而是重金利诱东瓯王。利字当头，东瓯王马上变了心，骗刘濞出来劳军，趁机刺杀了他，砍下人头，用驿站快车送给汉政府。

这段内容，出自《史记·吴王濞列传》。不过，《史记·东越列传》对东瓯国的背信弃义另有说法，大致是：东瓯王响应刘濞之后，带着自家人马加入了吴

1 详见《资治通鉴熊逸版》（第三辑）第135讲。

楚联军，这时候他们并没有回到东瓯国。正因为杀刘濞戴罪立功，这一支东瓯人才得到汉政府的赦免，顺利回国。

吴国太子刘驹成为漏网之鱼，逃到闽越。别看当初刘濞拉拢闽越时，闽越没干，但当“七国之乱”胜负已定时，闽越却收留了落难之中既无利用价值，又易引发外交纠葛的刘驹。在刘驹心里，杀父之仇不共戴天，所以他后来常常劝闽越攻打东瓯，险些灭掉东瓯。(《史记 · 东越列传》)

吴楚联军就算曲终人散了。

035

齐国和赵国是怎么平定的

原文：

吴、楚反，凡三月，皆破灭，于是诸将乃以太尉谋为是，然梁王由此与太尉有隙。

吴楚联军的终局：吴王刘濞被刺，楚王刘戊自杀，叛乱只有短短三个月。这时，人人服气周亚夫的打法，只有梁王刘武对周亚夫的见死不救耿耿于怀。

周亚夫的打法，拿梁国的存亡和梁王刘武的生死当赌注。梁国虽然做出如此大的牺牲，但世人看到的，只是它在吴楚联军面前一触即溃，付出了几万人的战损。至于苦守睢阳这种苦差事，无论多么惊心动魄都很难吸引注意力。漂亮仗都让周亚夫打了，梁王刘武怎能不怄气呢？

周亚夫如果人情练达，这时就该拿出谦退姿态，大力渲染梁王刘武的功劳，捧刘武为首功之臣，但周亚夫却没有。刘武心里的这根刺，将来必定会扎出来伤人。

三王围临淄

原文：

三王之围临淄也，齐王使路中大夫告于天子。天子复令路中大夫还报，告齐王坚守：“汉兵今破吴楚矣。”

吴楚联军的西进，属于“七国之乱”的主线任务，再看看齐地诸侯负责的支线任务。前面讲过：齐地诸侯一共七位，除了城阳王刘喜没有加入，其他六名诸侯以胶西王刘卬为主帅，准备合兵西进。没想到齐王刘将闾忽然反悔，济北王刘志则被自己的郎中令控制了兵权，使得齐地诸侯原先六比一的牌面一下变成了四比三。叛徒比敌人更可恶。于是他们暂停西进，掉过头来围攻齐国首府临淄。[1]

攻城的打法很难速战速决，《资治通鉴》记载，三国军队包围临淄，齐王刘将闾派使者向汉景帝告急求援。问题来了，为什么是三国军队？齐地叛乱的不是

1 详见前文第 027 讲。

四位诸侯吗？另外，围攻临淄的到底是哪三国？这段内容的原始出处是《史记·齐悼惠王世家》，只是泛言“三国”。《史记集解》引张晏注，说所谓“三国”是胶西国、菑川国、济南国，那么，胶东王刘雄渠为什么突然缺席了呢？而《史记·吴王濞列传》说的则是胶东国、菑川国和济南国合围临淄，没有胶西国。看来“三国”很可能是个传抄错误，原本是“四国”才对。（［清］梁玉绳《史记志疑·卷二十六·三国兵共围齐》）

齐王刘将闾的使者远赴长安，向汉景帝告急求援，然后折返临淄，带回了皇帝的嘱托，要齐王坚守城池，朝廷的大军马上就会击败吴楚联军。按说从临淄到长安，中途有可能经过一些吉凶未卜的地带，当齐王使者到达长安时，汉景帝不大可能知道周亚夫即将克敌制胜，他交代使者的话，不过是为了坚定齐王的守城信心，骗齐王为大局做出牺牲而已。

使者慷慨

原文：

路中大夫至，三国兵围临淄数重，无从入。三国将与路中大夫盟曰：“若反言：‘汉已破矣，齐趣下三国，不，

且见屠。’”路中大夫既许，至城下，望见齐王曰：“汉已发兵百万，使太尉亚夫击破吴、楚，方引兵救齐；齐必坚守无下！”三国将诛路中大夫。

当使者回到齐国时，临淄城已被三国联军重重包围，进不去了。联军抓住了使者，准备将计就计，跟使者定盟，让他告知城里：关中已破，大局已定，齐国必须赶紧投降，否则三国联军可要屠城了。使者一口应承下来。但是到了城下，望见城头的齐王刘将闾，他又忽然改口了。他说朝廷已派百万大军，太尉周亚夫也已击溃吴楚联军，正在赶来救援齐国，请齐王务必坚守。

这样的戏码，在汉朝以前已不罕见。围城的人会有两种选择：也许怀着贵族精神，钦佩使者的尽忠职守，放过使者；也许气急败坏，杀掉使者泄愤。然而，在三国围困临淄时，古老的贵族精神已成往事，齐国使者虽有慷慨气概，三国联军却无贵族应有的肚量，所以使者被杀。

原文：

齐初围急，阴与三国通谋，约未定；会路中大夫从汉来，其大臣乃复劝王无下三国。会汉将栾布、平阳侯等兵

至齐，击破三国兵。解围已，后闻齐初与三国有谋，将欲移兵伐齐。齐孝王惧，饮药自杀。

胶西、胶东、菑川王各引兵归国。

城头上的齐王刘将闾，原本就是个意志不坚、举棋不定的角色，被围城围急了的时候，已经和三国联军暗通款曲，商量投降的事，只是还拿不定主意。这时，使者拼死传进来的消息，终于起了决定性作用。幸而没多久，栾布统率的汉军开赴齐地，击破了三国联军。

但是，临淄之围虽解，齐王刘将闾的麻烦却并未结束——栾布听说齐王当初和三国有勾结，便准备把齐国作为下一个军事目标。齐王在惊恐之下，竟然服毒自杀了。

兵败之后，胶西王刘卬、胶东王刘雄渠和菑川王刘贤眼看大局已定，回天乏力，只好各自收兵回国。细心的读者会问："济南王刘辟光去哪儿了？"刘辟光可能也不例外，收兵了回国，只是这里搞混了到底是"三国"还是"四国"。总之，这些败军之将各回各家，各谋退路。

刘卬谢罪

事情到了这一步，摆在几位诸侯王面前的选项有三个：

一、绝地反击，再搏一把。

二、利用滨海的地理优势，入海逃亡。

三、自杀谢罪，争取以自己的死，换来朝廷对妻儿老小的宽大处理。

原文：

胶西王徒跣、席藁、饮水谢太后。王太子德曰："汉兵还，臣观之，已罢，可袭，愿收王馀兵击之！不胜而逃入海，未晚也。"王曰："吾士卒皆已坏，不可用。"弓高侯韩颓当遗胶西王书曰："奉诏诛不义：降者赦除其罪，复故；不降者灭之。王何处？须以从事。"王肉袒叩头，诣汉军壁谒曰："臣卬奉法不谨，惊骇百姓，乃苦将军远道至于穷国，敢请菹醢之罪！"弓高侯执金鼓见之曰："王苦军事，愿闻王发兵状。"王顿首膝行，对曰："今者晁错天子用事臣，变更高皇帝法令，侵夺诸侯地。卬等以为不义，恐其败乱天下，七国发兵且诛错。今闻错已诛，卬等谨已罢兵归。"将军曰："王苟以错为不善，何不以闻？及未有诏、虎符，擅发兵击义国？以此观之，意非徒欲诛错也。"乃出

诏书，为王读之，曰："王其自图！"王曰："如卬等死有余罪！"遂自杀，太后、太子皆死。胶东王、菑川王、济南王皆伏诛。

胶西王太子刘德给出了积极的建议："汉军已经疲惫，咱们不如再搏一把，如果败了，就逃到海岛上去。"但是，胶西王刘卬的意志已经垮了，主动到汉军的军营请罪。他还抱有一线希望，辩解说自己起兵的动机只是诛晁错，并不是真要造反。接见刘卬的，是弓高侯韩颓当，他可一点没给情面，宣读完汉景帝的诏书，请刘卬自行斟酌。这其实就是逼他自杀。

刘卬没得选，只有自杀，但他的死并没能保全家人，"太后、太子皆死"，不知是追随刘卬一道自杀的，还是被汉军灭门的。至于胶东王刘雄渠、菑川王刘贤、济南王刘辟光，则通通被汉军处死。

平定赵国

所谓"七国之乱"，砍瓜切菜之下，此时只剩下一个赵国。当初汉景帝调兵遣将，由曲周侯郦寄负责对付赵王刘遂。现在，吴楚联军已被周亚夫平定，齐地四国也被栾布等人平定，郦寄打得怎么样呢？并不顺利。

原文：

郦将军兵至赵，赵王引兵还邯郸城守。郦寄攻之，七月不能下。匈奴闻吴、楚败，亦不肯入边。栾布破齐还，并兵引水灌赵城，城坏，王遂自杀。

郦寄兵临赵国之后，赵王刘遂退守邯郸城，郦寄攻邯郸，七个月还没能得手。这里需要补充交代一下：《汉书·荆燕吴传》总结七国之乱，说“初，吴王首反，并将楚兵，连齐赵，正月起，三月皆破灭”。意思是从吴王刘濞起兵，七国皆反，到最后被灭，总共只有三个月。而郦寄攻城七个月，似乎在时间上矛盾了。有没有合理的解释呢？所谓三个月，可能是指周亚夫平定吴楚，这是全局的胜负手。而平齐灭赵只是收尾工作，只能算是这场政治动荡的余震。

邯郸城虽是天下名城，易守难攻，但孤立无援，陷落也只是时间问题。原本赵王刘遂还联络过匈奴助阵，但匈奴人一听说吴楚联军溃败的消息，就不肯贸然入塞了。没等来匈奴，却等来了栾布——栾布从齐国撤军，跟郦寄会师，引水灌邯郸城，城坏，刘遂自杀。

引水灌城的战术，我们已经不陌生了。挖水渠，修堤坝，全套水利工程耗时耗力，不知道要搞多久。

先前郦寄围城已经七个月，再加上栾布搞水攻，时间超过一年也有可能。“七国之乱”当中的诸人，要论战斗意志之坚韧，非赵王刘遂莫属。

安置七国

原文：

帝以齐首善，以迫劫有谋，非其罪也，召立齐孝王太子寿，是为懿王。

叛乱平定，如何安置七国，自然提上日程。这类事情，最好就是宽猛相济，区别对待。齐地诸王，胶西国、胶东国、济南国、菑川国，封国废除，划归郡县。（《史记·齐悼惠王世家》）但是，齐国得到了宽大处理。汉景帝认为，齐王刘将闾原本没有造反之意，只是受到胁迫，姑且应允，算不得多大罪过。刘将闾既已自杀，就让齐国太子刘寿继承王位好了。

按说以齐王刘将闾在“七国之乱”时的心态和行径，处置可松可紧。汉景帝特意宽大，对齐王首鼠两端就当没看见，毕竟齐王已自杀，此时如果连齐国一起划入郡县，吃相就太难看了，在齐地也不足以服众。

城阳王刘喜自始至终都不曾参与叛乱，还跟周丘

打过一仗，做出了很坚定的政治表态，所以无风无浪，后来又传承了好几代人。(《史记 · 齐悼惠王世家》)

齐地诸王当中，就只剩一个济北王刘志没交代了。

汉景帝前四年

036

七国之乱是怎么收尾的

齐地诸王当中，济北王刘志的情况很特殊：他当初虽然加入了叛乱联盟，却被自家的郎中令夺了权，没能实际参与叛乱。那么，这笔账该怎么算呢？

济北王改封

原文：

济北王亦欲自杀，幸全其妻子。齐人公孙玃谓济北王曰："臣请试为大王明说梁王，通意天子。说而不用，死未晚也。"公孙玃遂见梁王曰："夫济北之地，东接强齐，南牵吴、越，北胁燕、赵。此四分五裂之国，权不足以自守，劲不足以捍寇，又非有奇怪云以待难也；虽坠言于吴，非其正计也。向使济北见情实，示不从之端，则吴必先历齐，毕济北，招燕、赵而总之，如此，则山东之从结而无隙矣。今吴王连诸侯之兵，驱白徒之众，西与天子争衡。济北独底节不下，使吴失与而无助，跬步独进，瓦解土崩，破败而不救者，未必非济北之力也。夫以区区之济北而与诸侯争强，是以羔犊之弱而扞虎狼之敌也。守职不桡，可谓诚一矣。功义如此，尚见疑于上，胁肩低首，累足抚衿，使有自悔不前之心，非社稷之利也。臣恐藩臣守职者疑之！臣窃料之：能历西山，径长乐，抵未央，攘袂而正议者，独大王耳。上有全亡之功，下有安百姓之名，德沦于骨髓，恩加于无穷，愿大王留意详惟之！”孝王大说，使人驰以闻；济北王得不坐，徙封于菑川。

刘志大概看了看四周，觉得最适合对标的是齐王刘将闾。刘将闾主动自杀，为齐国换来了宽大处理，保住了全家。刘志正准备效仿刘将闾，齐人公孙玃（jué）自告奋勇，说自己可以试着请梁王刘武在皇帝面前说情，如果请不到，再自杀也不迟。

公孙玃游说梁王刘武的一段话，洋洋洒洒，很有战国辩士之风。这段内容出自《汉书·贾邹枚路传》，后人编选古文时起名为《为济北王上说梁王》。中心思想很简单，无非是说济北王刘志当初答应参加叛乱联盟，只是因为实力太弱，不得不以智谋保家卫国，为汉军争取时间。公孙玃为了达到目的，把梁王刘武捧上了天，让刘武极力为济北王刘志开脱。汉景帝不能不给刘武面子，于是刘志不用死了，改封菑川王。

《资治通鉴》对公孙玃的话做了删改，删掉了一处和主题关系不大，却在思想史上有些重要的细节。公孙玃本来引用了一段《春秋》的内容，具体来说是《春秋左氏传》，这说明《春秋》之学当时在齐地还有流传。

论功行赏

原文：

河间王太傅卫绾击吴、楚有功，拜为中尉。绾以中郎将事文帝，醇谨无他。上为太子时，召文帝左右饮，而绾称病不行。文帝且崩，属上曰："绾长者，善遇之！"故上亦宠任焉。

接下来，朝廷论功行赏，河间王太傅卫绾因抗击吴楚联军有功，拜为中尉。这里稍作解释：景帝前二年（前155年），一日之内六名皇子全部封王，其中刘德受封河间王。卫绾一来是文帝旧臣，二来特别忠厚老实，所以很适合给小皇子做太傅。和吴楚联军作战时，卫绾指挥河间国的军队配合主力，因功升为中尉，其实就是从河间国调任长安，到汉景帝身边去当官。后面他还有很多戏份。

卫绾的一生，成为官场生存的样本。《汉书》叙述卫绾的出身，说他因“戏车”的本事做了汉文帝的郎官，因功逐步升职到中郎将。什么是“戏车”？注释家们莫衷一是，大约是一种和驾车有关的技巧性运动。不管怎样，至少说明卫绾是个粗人，没文化，和贾谊、袁盎、晁错、张释之那些精英不能比。《汉书》把卫绾的特点总结为四个字：醇谨无它。大意是没本事，没追求，是个谨言慎行的老实人。（《汉书·万石卫直周张传》）

卫绾早年的故事，《资治通鉴》只选取了两桩：一是汉景帝还是太子时，曾宴请父亲汉文帝身边的官员，但卫绾推说自己有病，不参加；二是汉文帝临终时，特地嘱咐汉景帝，说卫绾是一位长者，要好好待他，所以汉景帝特别宠信卫绾。

但《资治通鉴》没讲的是，汉景帝是个记仇的人，登基之后完全不搭理卫绾，后来还找机会当面问他，当初为什么不来赴宴。卫绾坚称自己是因为生病，后

来张晏为《汉书》作注，推测说这是怕汉文帝多心，嫌他早早去巴结下一任皇帝。（［清］王先谦《汉书补注·万石卫直周张传》）

卫绾做官，既会替下属担责任，又不和同僚争功劳。这一切，皇帝都看在眼里。后来卫绾一路升迁，甚至做到丞相，不是因为有文化、有能力，而是因为他有忠厚长者的做派和谨小慎微的自律。

处置吴楚

原文：

夏，六月，乙亥，诏："吏民为吴王濞等所诖误当坐及逋逃亡军者，皆赦之。"

帝欲以吴王弟德哀侯广之子续吴，以楚元王子礼续楚。窦太后曰："吴王，老人也，宜为宗室顺善，今乃首率七国纷乱天下，奈何续其后！"不许吴，许立楚后。乙亥，徙淮阳王馀为鲁王；汝南王非为江都王，王故吴地；立宗正礼为楚王；立皇子端为胶西王，胜为中山王。

当年夏天，汉景帝颁布赦令，对叛军只诛首恶，不及其余，那些逃亡的叛军将士不用再东躲西藏了。

那么，对吴国和楚国要怎么处理呢？汉景帝原本的想法是，立吴王刘濞的侄儿刘通为吴王，立楚元王刘交之子刘礼为楚王。但窦太后反对，说刘濞作为刘氏元老，本应成为宗族表率，反而犯上作乱，他的后人没道理继承王位。就这样，吴国不复存在。楚国虽然国还在，但血统悄悄变了——新任楚王刘礼是楚元王刘交的幼子，属于以旁支取代嫡系。

按照周代的封建制度，封君犯罪，头衔、特权和土地可以由子嗣继承，而到了汉景帝时，中央政府的权力显然大得多。一场“七国之乱”之后，像吴王刘濞、胶西王刘卬这样的诸侯，仅仅死掉是不够的，还必须断子绝孙，撤销封国。

当年六月，汉景帝改封皇子淮阳王刘馀为鲁王、皇子汝南王刘非为江都王，立刘礼为楚王，立皇子刘端为胶西王、皇子刘胜为中山王。刘非受封的江都国，就在吴国的核心区，大约是今天的江苏省中部。新受封的两位皇子，刘端是程姬所生，而刘馀和刘非都是他同父同母的哥哥；刘胜则是贾夫人所生，受封中山王，死后谥号为靖，也就是大名鼎鼎的中山靖王刘胜，满城汉墓出土的金缕玉衣的主人。《三国演义》里，刘备常说自己是中山靖王之后，说的就是这位刘胜。

平乱收尾

原文：

（四年）

春，复置关，用传出入。

夏，四月，己巳，立子荣为皇太子，彻为胶东王。

六月，赦天下。

秋，七月，临江王阏薨。

冬，十月，戊戌晦，日有食之。

新的一年，景帝前四年（前153年），恢复了关卡和通行证制度。没办法，叛乱刚刚平定，社会扰攘不安，汉文帝时代的“除关无用传”不能继续执行下去了。

夏四月，立皇子刘荣为太子、皇子刘彻为胶东王。对于当时的汉帝国，重要的是汉景帝终于立太子了；而对于历史，重要的是下一任皇帝并非太子刘荣，而是受封胶东王的刘彻——他就是将来大有作为，深刻影响中国历史的汉武帝。上一任胶东王刘雄渠因叛乱，人被杀，国被废，现在胶东国恢复了，只是国王换成了刘彻。

接下来，大赦天下。七月，临江王刘阏过世。十月，日食再次发生。这些只是过场事件，接下来的重点是对淮南三王的安置。

原文：

初，吴、楚七国反，吴使者至淮南，淮南王欲发兵应之。其相曰："王必欲应吴，臣愿为将。"王乃属之。相已将兵，因城守，不听王而为汉，汉亦使曲城侯将兵救淮南，以故得完。吴使者至庐江，庐江王不应，而往来使越。至衡山，衡山王坚守无二心。及吴、楚已破，衡山王入朝，上以为贞信，劳苦之，曰："南方卑湿。"徙王王于济北以褒之。庐江王以边越，数使使相交，徙为衡山王，王江北。

"七国之乱"时，淮南王刘安准备起兵响应，却被国相诓去了兵权。按说秋后算账，应该狠狠治刘安的罪，但事情竟然就稀里糊涂地过去了——刘安毫发未伤，淮南国安然如故。

再看庐江王刘赐。他当初对吴国的邀约不置可否，但频繁派使者和南边的越人政权联系，这意味着刘赐动了心，只是还有犹豫。汉景帝的办法是，改封刘赐为衡山王。这一动作的意图很明显：让刘赐的封国向北移，不再和越人政权接壤。

那么，原先的衡山王刘勃怎么办呢？淮南三王当中，只有衡山王刘勃对中央政府忠心耿耿，坚定地站在了吴王刘濞的对立面。所以，汉景帝给予刘勃特别嘉奖，把他从落后且不宜居的衡山国改封到条件更好的济北国——原先的济北王刘志刚刚改封为菑川王，济北地区空了出来，就给刘勃好了。

统一大业

这段内容，如果只看《资治通鉴》的叙述，其实看不到关键所在。我们有必要盘点一下，“七国之乱”平定以后，涉案诸侯可简单分成三部分：

其一，吴楚部分。其中吴国撤销，原吴国的核心版图改成了江都国，给了皇子刘非；楚国保留，给了楚元王刘交的幼子刘礼，但削掉了原楚国的很大一块地盘。

其二，淮南三国部分。其中淮南国照旧，庐江国撤销，衡山国改封给原庐江王刘赐。

其三，齐地七国部分。其中城阳国照旧，胶东国改封给皇子刘彻，胶西国改封给皇子刘端，菑川国改封给原济北王刘志，济北国改封给原衡山王刘勃，济南国撤国为郡，齐国以齐王刘将闾自杀为代价得到了保全，太子刘寿继任齐王。但是，因为胶西、胶东、济南、菑川四国都是先被撤销，划入了汉帝国直辖郡县，不久之后又重新分封，所以就有了调整的空间。就拿皇子刘彻受封的胶东国来说，虽然它名义上还叫胶东国，但疆域只是原胶东国的南部而已，北部已划为东莱郡，归中央直辖。原衡山王刘勃改封济北王，表面上看，汉景帝是拿好地方换坏地方，以表彰刘勃的忠贞，但他悄悄把原济北国的一块划成了平原郡，归中央直辖。还有皇子刘端受封的胶西国，很可能是晁错削藩六个县之后的疆域，而那六个县变成了中央直辖的北海郡。(肖爱玲《西汉城市地理研究》)

除此之外，汉景帝改封皇子淮阳王刘馀为鲁王，新设的鲁国原本是楚国的薛郡；封皇子刘胜为中山王，新设的中山国一部分来自常山郡，一部分来自燕国。(郭声波《〈史记〉地名族名词典》) 汉景帝这一连串让人眼花缭乱的调动、安置，指导精神还是晁错那套削藩理论，即便是让亲儿子们最大限度地据有诸侯国，国家规模也宜小不宜大。

最后，我们用钱穆先生的一段话，来看看平定“七国之乱”的历史意义：“秦灭六国，二世而亡，此乃古代贵族封建势力之逐步崩溃，而秦亡为其最后之一幕。直至汉兴，始为中国史上平民政权之初创……平民政府必然创建，殆为当时历史趋势一种不可抗之进程。然在平民政府创建的过程中，却屡次有‘封建’思想之复活……直到景帝削平吴、楚七国之乱，平民政府之统一事业始告完成。……汉政府之实际统一，始于景帝。”(钱穆《国史大纲》)

景帝前四年（前 153 年）的大事件到此结束，“七国之乱”也终于收尾了。

汉景帝前五年至六年

037 薄皇后是怎么被废的

迁居阳陵

原文：

（五年）

春，正月，作阳陵邑。夏，募民徙阳陵，赐钱二十万。

新的一年，景帝前五年（前152年），《资治通鉴》记载：春正月，兴建阳陵邑，入夏，招募百姓迁居阳陵，赐钱二十万。

这是帝王的传统，活着时就要尽早给自己修建陵墓。这就相当于一个人才入职就开始操办自己的后事，而且要操办很多年，甚至一辈子。时不时会有工程负责人来汇报进度，说皇上您的坟现在挖到多深了。说的人不忌讳，听的人竟然也开心。

陵墓周边不能太荒凉、太贫困，所以要从全国各地迁居一批富裕家庭，让他们挨着陵墓安家落户，在给帝王守陵的同时开始新生活。这是皇帝给的莫大殊荣。当然也有很多人不乐意，但绝不是因为不吉利。

这类陵墓通称寿陵。汉景帝的寿陵选址在长安附近的弋阳县，所以取弋阳县的“阳”字，称为阳陵，弋阳县也因此改称阳陵县或阳陵邑。(《史记·孝景本纪》)咸阳原上，依次坐落着九座西汉帝陵，阳陵是最东面的一座，今天依然可以看到。

修帝陵，置陵邑，早已有一定之规。不过，刘邦当年置陵邑，用的是强制搬迁手段，为的是把关东大族连根拔起，安置在自己眼皮底下：一来防止他们作乱，二来削弱关东地区的人力物力，强化关中地区。相形之下，汉景帝的政策就柔和多了，给出了选择的余地，而且每家每户都能拿到二十万钱的补助。

迁居阳陵邑的一共五千户，只有刘邦时代长陵邑移民的一半，但也算颇具规模，和惠帝的安陵邑、文帝的霸陵邑标准一致。(刘悦《西汉帝陵移民研究》)问题是，如果每户享受财政补贴二十万钱，五千户就是十亿钱，汉景帝拿得出这么多钱吗？

大胆推测一下："七国之乱"平定以后，吴王刘濞的铜钱储备全部落到了汉景帝的手里。这正是《孙子兵法》所谓的"小敌之坚，大敌之擒也"。(《孙子兵法·谋攻篇》)

再续和亲

原文：

遣公主嫁匈奴单于。

对汉景帝而言，这一年实在是个花钱的年份。匈奴问题重新提上日程：算了，不打了，还是回到和亲的美好年月。《资治通鉴》的记载相当简略，只说汉帝国把公主嫁给匈奴单于。但和亲不同于裸婚，是一个庞大的系统工程。《汉书·匈奴传》交代了事情的全景：随着和亲的进展，边境贸易恢复如初，给单于的赏赐同样恢复起来，并且，不但要嫁公主，还要嫁翁主[1]。当然，付出这么高的代价，成效也算显著：虽然四年后的景帝中二年（前148年），和亲关系就再次破

1 诸侯王的女儿称为翁主。

裂，但《史记》记载，“终孝景时，时小入盗边，无大寇。”直到景帝驾崩，匈奴也只是小规模骚扰，未曾再有大举进犯。（《史记·匈奴列传》）

改封赵王

原文：

徙广川王彭祖为赵王。

同年，景帝改封广川王刘彭祖为赵王。

刘彭祖是汉景帝和贾夫人的儿子，景帝一日之内封六位皇子为诸侯王时，就有他一份。这次改封，是因为原赵王刘遂参与“七国之乱”，畏罪自杀。赵国这样的重要地区，必须有靠得住的人掌控才行。

不过，刘彭祖虽是汉景帝的亲儿子，却品行低劣，后来在赵王任上做尽了坏事。清朝学者刘沅曾说，当初周代搞封建制，首重品德，并非血缘近就可以，但刘邦没搞清楚，一味重视血缘，酿成不小的祸患。等到汉景帝平定“七国之乱”，本该趁此机会拨乱反正，但他还是走了刘邦的老路，国家怎么可能治理得好，百姓怎么可能活得安稳？[1]

但刘沅的意见也只是书生之见，有违背史实的地方。周代搞分封，一来看血缘，二来看功劳，所谓品德，都是后人反复渲染出来的。不过，刘沅似乎说中了封建制的一个弊端：谁也保证不了龙生龙，凤生凤，在嫡长子继承制下，一旦龙和凤的嫡长子是一只跳蚤，那也只能让这只跳蚤当主君了。

跳蚤当主君的概率其实很高，但周朝却国祚绵长，这是因为，封建主君的权力远不能和帝制时代的皇帝相提并论，皇帝分封诸侯王，这是一级分封，如果按照周礼，还会有二级、三级分封。周朝的主君身边围着一大群贵族元老，论血缘都是叔伯和兄弟，论地位都是大大小小的股东，所以主君行善和作恶的能力都很有限。但汉朝的分封就不一样了。汉朝的诸侯王只是孤家寡人，身边的国相并不是和自己有血缘关系的元老兼股东，而是皇帝派来看管自己的监察和特务。赵王刘彭祖会有怎样的表现，留待后文交代。

1 ［清］刘沅《史存·卷九·孝景本纪》："周家大封同姓，然皆以德选，非尽人而分封也。汉高误袭其制，惟亲不惟德，故骄纵不法。帝既平七国，当乘时择贤而予之，乃仍封以国都，其皆能宣外敷治乎？虽易其地以防患，实非经国子民之道也。"

济北王过世

原文：

济北贞王勃薨。

本年度的最后一件事，是济北王刘勃过世。简要回顾一下刘勃的一生：他是淮南厉王刘长的儿子，但并非嫡长子。刘长陷入谋反大案，绝食而死，汉文帝把原淮南国的土地一分为三，分给刘长的三个儿子，刘勃受封为衡山王。“七国之乱”爆发时，刘勃坚定地站在朝廷一边，因此受到汉景帝的表彰，改封济北王。不过，汉景帝偷梁换柱，给刘勃的济北国比原本就不大的济北国还小一块。

刘勃改封济北王，是上一年的事情，结果才到任他就死了。幸好他有儿子，济北国总算可以传承下去。

废薄皇后

原文：

（六年）

冬，十二月，雷，霖雨。

初，上为太子，薄太后以薄氏女为妃。及即位，为皇

后，无宠。秋，九月，皇后薄氏废。

楚文王礼薨。

转过年来，景帝前六年（前 151 年），冬十二月，又是打雷，又是淫雨，给这一年的大事件定了基调。大事有两件：一是楚王刘礼过世，二是薄皇后被废。

刘礼是楚元王刘交的幼子，原本受封平陆侯，食邑当中有“三千二百六十七户”，也就是说，平陆境内三千二百六十七户人家上缴的租税，不是交给中央政府的，而是供养刘礼的。在所有受封侯爵的王子当中，刘礼是待遇最高的一个。（《史记·惠景间侯者年表》）

刘礼虽是楚国王子，但一直和楚国的关系远，和长安的关系近。他曾在长安担任宗正，相当于皇族事务大总管。文帝后六年（前 158 年），军臣单于大举南下时，刘礼还带过兵，驻军霸上，附近就是祝兹侯徐厉的棘门营和河内郡守周亚夫的细柳营。汉文帝劳军时，嫌刘礼和徐厉治军如同儿戏，认为只有周亚夫才是靠得住的军事统帅。[1]

“七国之乱”后，汉景帝大大缩减了楚国的规模，立刘礼为楚王，属于以旁支取代嫡系。楚国虽然国家

1 详见前文第 018 讲。

还在，但实力被严重削弱，连血统也变了。[1]更何况刘礼的武力值很弱，这是文帝亲眼鉴定过的。只要动机一变，一个人的缺点马上就可以变成闪光点。

刘礼过世了，但他和刘勃一样有儿子，所以楚国后继有人，后来又延续了好几代。刘礼之死，对汉帝国来说不算很大的事，不过，薄皇后被废就是天大的事了。

汉景帝还是太子时，奶奶薄太后就为他选了一名薄氏女子做太子妃。等到景帝登基，太子妃就成了皇后。薄皇后既没有孩子，也不受宠，只是背后有太皇太后撑腰。这位太皇太后薄氏，是汉文帝的亲妈，汉景帝的亲奶奶，很长寿，一直活到景帝前二年（前 155 年）。到了景帝前六年（前 151 年），奶奶已经过世好几年，“七国之乱”也平定了，汉景帝也该当家作主了。他早就看皇后讨嫌，皇后又没能生个儿子，那就废掉好了。(《史记 · 外戚世家》)

废黜皇后的举动，其实早有端倪——前年立刘荣为太子，就等于向世人宣告，将来不管薄皇后生不生儿子，反正太子已经定了。那么，既然刘荣已被立为太子，那么他的亲妈栗姬该不该偏房扶正，成为新一任

1 详见前文第 036 讲。

的皇后呢？

兹事体大，关乎国本。耐人寻味的是，《史记·孝景本纪》对此竟然只字不提，这是为什么呢？清朝学者牛运震对照《汉书》和《史记》，发现《汉书·景帝纪》记录的诸如派公主嫁入匈奴，薄皇后被废，还有后来改磔（zhé）刑为弃市，降低鞭笞类刑罚的施刑烈度等，都是国家大事，“本纪”必须予以记录，而《史记·孝景本纪》竟然通通缺载。[1]原因已经不得而知，学者们各有猜测。

现在，我们看看汉景帝当下的家庭结构：景帝是一家之主，皇后位置空缺，太子是栗姬生的长子刘荣。

景帝的亲妈窦太后依然在世，很有话语权。窦太后有哥哥窦长君和弟弟窦广国，兄弟两个都被培养成了谦谦君子。景帝登基之后，封窦广国为章武侯，封已故窦长君之子窦彭祖为南皮侯。窦太后还有一个远房侄儿窦婴，因为平定“七国之乱”有功，受封魏其侯。窦家一共三人封侯，这就是全部的外戚势力了。而真正有能力、有政治影响力的，其实只有窦婴一个。

1 ［清］牛运震《读史纠谬·卷一》：“《汉书》载：‘景帝五年，遣公主嫁匈奴单于；六年，皇后薄氏废；中二年，改磔曰弃市，勿复磔；六年，减笞法，定箠令。此皆大事，不得不书者，《史记》皆略之。’”

汉景帝原本有三个弟弟，活到现在的就只有刘武一个。俗话说“老儿子，大孙子，老太太的命根子”，窦太后最疼老儿子，也就是汉景帝唯一的同父同母兄弟梁王刘武。窦太后巴不得让刘武做汉景帝的继承人，但没办法，大局为重，只能心有不甘地看着景帝立刘荣为太子。

汉景帝女人多，儿子多，栗姬未必是他最爱的女人，刘荣也未必是他最爱的儿子，更不是根正苗红的嫡长子。这就是汉景帝的全家福。

038

景帝的姐姐有什么如意算盘

现在的问题是：太子有了，皇后被废了，汉景帝必须有个新皇后，这个空缺该由谁来填补呢？其中牵涉的利益实在太大，于是，一场惊心动魄的宫斗开始了。

臧荼后人

原文：

初，燕王臧荼有孙女曰臧儿，嫁为槐里王仲妻，生男信与两女而仲死；更嫁长陵田氏，生男蚡、胜。

遥想当年，刘邦时代的八大异姓王里有一位燕王臧荼，莫名其妙地造了反，虽然兵败被擒，但并没有像韩信、彭越那样被斩草除根。臧荼之子臧衍逃到匈奴避难，在陈豨之乱中继续与汉帝国为敌。臧荼还有一个孙女叫臧儿，嫁给了槐里县一个没什么身份的人，名叫王仲。臧儿给王仲生了一男两女。男孩叫王信，并无特别之处，两个女儿却不一般。王仲死后，臧儿改嫁到长陵一户姓田的人家，生了两个男孩，取名田蚡、田胜。

这里稍作解释：秦末乱世，秦将章邯和项羽议和，受封雍王，定都废丘，就是后来汉朝的槐里县，距离长安不算远，先后隶属于内史和右内史，可以看作大长安地区的一部分。臧儿的前夫王仲是槐里人，后夫田氏是长陵人，距离槐里不远，也在大长安地区。

人住在长陵，又姓田，那么他的出身就很明确了。长陵是刘邦的陵墓。当时刘邦接受娄敬的建议，搞强本弱枝之术，将关东豪族，尤其是齐国王族田氏，强制搬迁到关中，主要安置在长陵周边，算是给刘邦守陵。这些新移民既有家底，又有贵族的流风遗韵，还能享受政策优惠，通常都发展得不错。所以臧儿改嫁，大概率嫁的是个好人家。

臧儿，一个乱臣贼子的后人，无依无靠，拖着三个孩子守了寡，还能改嫁到好人家，一定有她的不凡之处。

臧儿夺女

原文：

文帝时，臧儿长女为金王孙妇，生女俗。臧儿卜筮之，曰："两女皆当贵。"臧儿乃夺金氏妇，金氏怒，不肯予决。内之太子宫，生男彻。彻方在身时，王夫人梦日入其怀。

后来，臧儿的长女嫁给了一个叫金王孙的人，生了一个女儿。当了外婆的臧儿算命，算得两个女儿今后都会富贵。可金王孙显然不是贵人，大女儿如果继续跟着他，预言岂不是没法应验了？

不知为什么，臧儿竟完全没想过金王孙有朝一日可能飞黄腾达，更没想过，既然命中注定，那就不妨少安毋躁，坐等命运的安排。她拿出狠劲儿，硬是把大女儿抢回了娘家。

狼外婆棒打鸳鸯，真是好一场荒唐戏。金王孙气炸了：他不能没有老婆，女儿不能没有妈妈。但臧儿把已婚已育的大女儿送进皇宫，做了太子的女人。金王孙再怎么不甘，也没办法冲进皇宫抢人。而当时的太子，就是后来的汉景帝刘启。

从此，金太太变成了王美人，备受太子宠爱，给太子生了三女一子。臧儿再接再厉，又把小女儿送了进去。二女共事一夫，在宫斗戏高发区域，也方便互相帮衬。大女儿在史料上没有留下名字，只有《史记索隐》引用皇甫谧的说法，说她叫王娡（zhì）。小女儿留下了名字，叫兒姁（ní xū）。兒姁入宫后也很受宠，给刘启生了四个男孩。

当时恐怕谁也没想到，虽然王美人只生了一个儿子，但这个儿子会成为一切的枢纽。儿子还在肚里时，王美人梦见太阳投进怀里。她把这个梦告诉了太子，太子很高兴，说这是好兆头。还没等到生产，文帝便驾崩了，太子随之登基。然后，王美人才生下这个男孩——他就是将来的汉武帝刘彻。

平步青云

这么复杂的一家人，大概真的是因为臧儿的政治嗅觉和果敢性格，果然走上了平步青云之路。汉武帝刘彻就不说了，贵为天子。王美人给刘启生的三个女儿自然都是公主。就连王美人和金王孙生的那个女儿，后来也飞上枝头变凤凰，受封修成君，坐享荣华富贵。

兒姁给汉景帝生的四个儿子后来通通封王，各是一方诸侯。臧儿改嫁之后生的两个男孩中，田蚡受封武安侯，田胜受封周阳侯。臧儿跟前夫生的独子王信也没被落下，受封盖（gě）侯。就连臧儿的前夫王仲，虽然早早死了，也被追封为共侯，有两百家人给他守陵。鸡犬升天，一个都不能少。(《史记 · 外戚世家》)

早已做了外婆的臧儿，后来还有一位身份显赫的追求者——曲周侯郦寄，就是“郦寄卖友”那个郦寄。不过，郦寄在这件事上栽了个大跟头。在汉景帝看来，郦寄纯属没安好心，想方设法要当皇帝的岳父——亲岳父也就罢了，还要当后岳父，这让皇帝情何以堪。(《史记 · 樊郦滕灌列传》)

很快我们会看到，王美人，这个出身寒微、已婚已育的女人，挑战母仪天下的皇后位置。人生逆袭，还有比这更加精彩纷呈的吗？都说门当户对是婚姻必备，但在我们已见过和将看到的汉朝历任皇帝的婚姻中，地位差异越大，婚姻反而越美满，门当户对倒是祸乱之源。

在汉景帝立刘荣为太子，又废黜了薄皇后之后，政治中心开始涌现新的漩涡。

刘嫖登场

原文：

及帝即位，长男荣为太子。其母栗姬，齐人也。长公主嫖欲以女嫁太子，栗姬以后宫诸美人皆因长公主见帝，故怒而不许；长公主欲与王夫人男彻，王夫人许之。

汉景帝同父同母的亲姐姐，长公主刘嫖（biāo），第一次登上了历史舞台。需要解释一下，刘嫖的“嫖”，就是卖淫嫖娼的“嫖”。这个字在今天只有后一种意思，所以猛地看到这个名字，你一定很诧异，不能理解爹妈对亲生女儿为什么会有如此诡异的人生期待。但“嫖”原本是个好字眼，专门用来做女孩的名字。[1]

皇族女眷当中，皇帝的女儿称公主，皇帝的姐妹称长公主，皇帝的姑姑称大长公主。刘嫖是汉景帝的姐姐，所以称长公主。长公主会有汤沐邑，相当于彻侯的封国，当地的租税都是长公主的收入。刘嫖的汤沐邑在馆陶，所以规范一点的称谓是馆陶长公主。

作为窦太后的独生女，刘嫖享尽母爱。窦太后驾

1 《集韵·宵韵》：“嫖，女字。”

崩之前留下遗诏，把东宫的金钱财物通通赐给刘嫖。刘嫖嫁得也不差，丈夫是第三代堂邑侯陈午。虽然陈午在史料中毫无存在感，但他的祖上，第一代堂邑侯，是秦末战争中的元老级人物陈婴。(《汉书·高惠高后文功臣表》)

刘嫖和陈午儿女双全，长子陈须（又名陈季须）后为第四代堂邑侯，次子陈蟜（jiǎo）后受封隆虑侯，不过这两个都是小角色，关键人物是女儿。这位女儿在史料上并没有留下名字，但有部流行的志怪小说《汉武故事》称她为陈阿娇，还编出一段广为人知的“金屋藏娇”的传奇。

如意算盘

刘荣被立为太子之后，刘嫖就很想把女儿——也就是传说中的陈阿娇——嫁给他。这在今天看来属于近亲结婚了，但汉朝人并不在意，只想亲上加亲。

刘嫖的如意算盘一目了然：将来刘荣登基，自己的女儿就是皇后。而要促成这门婚事，就必须和刘荣的母亲栗姬商量。按说长公主来提亲，对栗姬来说简直是天大的好事——只要亲事一定，不但刘荣的太子位子稳了，自己的皇后位子也坐定了。但栗姬的态度斩钉截铁：不答应。

栗姬是个嫉妒心很重的小女人，心里只有纯洁的情情爱爱，不受现实主义和功利主义的玷污。眼看着景帝身边的美女们都是刘嫖引荐来的，一个个都比自己得宠，栗姬妒火中烧，把刘嫖恨到了骨子里。恨意就这样形成了惯性，明明橄榄枝已经递到眼前，从此可以冰释前嫌，实现双赢，但栗姬只看到了荆棘。

刘嫖没办法，退而求其次，向王夫人提亲去了。这位王夫人，就是臧儿的大女儿，刘彻的母亲，也就是升级后的王美人。当时的后宫级别，从高到低依次是夫人、美人、良人、八子、七子、长使、少使。

王夫人不愧是臧儿的女儿，面对这样一门好亲事，一口应承下来。这样，刘嫖和王夫人就结成了一个反栗姬同盟——从感情上说，搞掉栗姬可以让刘嫖出一口恶气，让王夫人少一个善妒的敌人；从利益上说，搞掉栗姬可以连带着威胁刘荣的太子地位，一旦重新选立太子，刘彻就会有机会，刘嫖想让女儿当皇后的目标依然有可能实现。退一步说，哪怕仅仅是为了自保，这个同盟也很有必要。刘嫖应该已经看出，将来只要刘荣登基，栗姬母以子贵，自己一家人一定不会有好下场。

原文：

由是长公主日谗栗姬而誉王夫人之美，帝亦自贤之，又有曩者所梦日符，计未有所定。王夫人知帝嗛栗姬，因怒未解，阴使人趣大行请立栗姬为皇后。帝怒曰：“是而所宜言邪！”遂按诛大行。

计议已定，于是刘嫖在景帝面前处心积虑地诋毁栗姬。其实以栗姬的性格，就算没有刘嫖诋毁，她早晚也要走上绝路。《史记 · 外戚世家》中有载，景帝一度身体不适，情绪低落，所以向栗姬托付后事，说万一自己有个三长两短，希望她可以好好关照诸位皇子。按说这正是栗姬表现自己的天赐良机，但她很真诚，不但不答应，而且说话特别噎人，说那些皇子都是乱七八糟的狐狸精生的，自己恨都恨不过来，怎么可能以德报怨呢？看到栗姬这种反应，景帝虽然没有当场发作，但心里已经对她关上了半扇门。

刘嫖那边却更卖力了，天天夸刘彻这孩子乖。这倒不是信口开河，毕竟刘彻是将来的汉武大帝，从小不可能是窝囊样。景帝看着刘彻，也是越看越爱，再加上王夫人在怀着刘彻时做过那个太阳入怀的梦，就更对他另眼相看了。但是，废立太子兹事体大，不是马上就能拿定主意的。

王夫人知道景帝还在生栗姬的气，这种时候，就只需添最后一把柴了。但这一次，王夫人不说栗姬的坏话，相反，要说她的好话。她暗中派人敦促朝中大臣，让他们赶紧提议立栗姬为皇后。大臣们不了解后宫如此复杂的宫斗情节，因此并不觉得这一提议有何不妥。毕竟刘荣早被立为太子，薄皇后又被废了，皇后的位置不能一直空着，那么栗姬作为刘荣的生母，就应该是名正言顺的皇后。但是，当礼仪官员做出提议时，汉景帝龙颜大怒，厉声吼道："这是你该说的话吗？！"汉景帝一怒之下，竟然把这名官员论罪处斩，可见王夫人这一计的歹毒与精明。

汉景帝前七年

039
景帝废立太子是怎么回事

按诛大行

这次景帝动怒杀人，《资治通鉴》的原文是“按诛大行”。“大行”是官名，级别大约在六百石，负责朝会司仪。(孙梓辛《汉代典客、大行更名考》) 简言之，就是个不太重要的礼宾官，杀了也就杀了，连姓名都没提。不过，杀的方式，并不是像晁错那样“衣朝衣斩东市”，而是“按诛”，意思是进入正规的司法流程，被判有罪，论罪当杀。这正是问题所在：一个礼宾官，建议立栗姬为皇后，不是很正常吗？能给他治什么罪呢？汉景帝又为何要厉声呵斥，说这不是他该说的话呢？

历朝历代，大臣建议皇帝立后，并且给出皇后人选，完全是正常之事。有时大臣没建议，皇帝还会主动去征询意见。先前汉文帝登基时，大臣们便建议立太子，立皇后，一切自然而然。但是，此时汉景帝正在犹豫要不要废黜太子，对栗姬更是积怨已深，忽然听到立她为后的声音，认定这是栗姬搞的小集团政治交易，必须严惩不贷。

事实上，如果栗姬被立为皇后，就给刘荣的太子地位加了一重保险。而只要刘荣继续做太子，栗姬就算做不成皇后，也能熬到刘荣登基，扬眉吐气。到那时，汉景帝生前所爱的女人和她们的儿子，注定要落入魔掌。所以，汉景帝即便对刘荣没意见，只是单纯为了防范栗姬，也必须改立太子。

牵累周亚夫

原文：

（七年）

冬，十一月，己酉，废太子荣为临江王。太子太傅窦婴力争不能得，乃谢病免。栗姬恚恨而死。

景帝前七年（前150年），刘荣终于被废掉太子，改封临江王。深受牵连的有两个人：一是窦婴，当时任太子太傅，是刘荣的老师兼保护人，三番五次劝景帝无果，索性告病辞官；二是栗姬，本来气性就大，这回更是越想越窝火，要见景帝却见不到，就这么忧愤而死。

太尉周亚夫也遭受了严重的牵累。《史记》说"七国之乱"平定以后，景帝前五年（前152年），周亚夫转任丞相，深受倚重。然而在景帝废黜太子这件事上，周亚夫极力劝阻，从此便被景帝疏远。而在窦太后那边，周亚夫也不讨好，因为梁王刘武每次来长安，都要在窦太后面前说他的坏话。（《史记·绛侯周勃世家》）

但这段记载可能搞错了时间线，因为根据更可靠的《汉书·百官公卿表》，周亚夫拜相是在刘荣被废几个月后。但是，周亚夫力保刘荣这事应该没错。这样一来，局面就变得相当微妙了。

《史记》记载，"七国之乱"平定以后，窦婴受封魏其侯，和条侯周亚夫一起成为威望最高的两大名臣。每次上朝议事，其他彻侯虽然在级别上和魏其侯、条侯没差别，但都不敢跟这两位平叛英雄平起平坐。（《史记·魏其武安侯列传》）那么，当汉景帝发现这两位意见领袖合力为刘荣说话，他心里是怎样一种滋味呢？

对照一下前文提到的卫绾：汉景帝当太子时，曾宴请父亲汉文帝身边的官员，但卫绾推说自己有病，没有参加。[1]看看，卫绾这样的人，才是真正的人臣楷模。

窦婴赌气

我们借助《史记》，看一下窦婴在维护刘荣失败后的工作和生活态度——赌气，请病假不上班，把自己关在别墅里，不见客。

这不是窦婴第一回赌气。先前汉景帝要他带兵出征，平定“七国之乱”，他就如此。但两次赌气有所不同：这一次，窦婴已经是大人物了，高朋满座，门客如云。所有人都来劝他，劝了几个月都没能劝动。当然，大家肯定怀有私心：如果窦婴就这么消极怠工下去，自己的荣华富贵可就要跟着结束了。

终于，梁国人高遂说动了窦婴：“能给您富贵的人，只有皇帝；跟您有亲情的大人物，只有太后。您做了太子太傅，太子被废，您没能保住太子，那就应

1 详见前文第 036 讲。

该以身殉职。但您没有，反而拿生病当幌子，关起门来以女色自娱。'相提而论'，这不等于高调宣扬皇帝的过错吗？一旦皇帝和太后为这事恨起您来，您全家老小一个都活不了。"

高遂的"相提而论"，后来演变为成语"相提并论"。这个词原本的意思，就是把两件事或者两种表现对照起来。窦婴称病，如果回家后真的拿出演员修养，卧床不起，那么谁也说不出什么。但他一边称病，一边又搂着美女享受人生，比谁都生龙活虎，这明摆着就是在发泄对皇帝的不满，还要让所有人看到，最大限度地赢得舆论支持。

窦婴的这种态度，放在宗法时代倒没多大问题，因为对于那时的贵族来说，特权和财富往往是祖传的，合法性特别强，很难被主君剥夺。但时代变了，窦婴虽然受封魏其侯，而且这个头衔按说也可以子子孙孙相传，但在日渐强势的皇权面前，其实稳定性是很脆弱的。各种彻侯虽然名义上还是国家股东，但实质上和雇员差不多，薪资待遇乃至全家的生死都掌握在雇主手里。

高遂点明了这个关键后，窦婴果然不敢再装病了，和往常一样去上班，仿佛一切都没有发生。(《史记·魏其武安侯列传》）那么，高遂是不是危言耸听呢？并不是。在中国人最为熟悉的历史人物里，岳飞就有过赌气任性的表现，而且比窦婴还过分。他的结局我们都知道。

人事调整

原文：

庚寅晦，日有食之。

二月，丞相陶青免。乙巳，太尉周亚夫为丞相。罢太尉官。

夏，四月，乙巳，立皇后王氏。

丁巳，立胶东王彻为皇太子。

是岁，以太仆刘舍为御史大夫，济南太守郅都为中尉。

刘荣被废是在冬十一月，改立刘彻为太子，王夫人为皇后是在夏四月，中间的四五个月发生了两件事：一是日食，二是丞相陶青卸任，由太尉周亚夫接替，朝廷顺势撤销了太尉一职。周亚夫到底是何时任丞相的，不同史料有不同记载，但这并不重要，重要的是，梁王刘武看到了机会，积极运作，想当皇储，为此还闹出一起震动朝野的暗杀事件。

按说这么大的事，司马光不应该删掉不谈，可能是没理顺时间线，所以他在后文中以追叙的形式做了交代。我们这里也跟着《资治通鉴》的节奏，暂时搁置此事。

本年度的最后一桩大事，是高级官员的人事调整：一是原任太仆的刘舍升任御史大夫，二是济南太守郅都调入中央，担任中尉。

刘舍只是一个过场人物，虽然不久后升任丞相，却并无多少事迹可谈。但是，他的血统多少值得关注一下。刘舍是第二代桃侯，如果只看爵位和姓氏，很容易以为他是皇族成员，事实上，他是项羽的本家。当初楚汉相争，刘邦取得了决定性胜利，亲自为项羽主持葬礼，然后安顿项氏家族，原则是：既往不咎。此外，他还封项伯等四人为侯，并赐姓刘。这四位封侯赐姓之人当中，项襄变成了刘襄，成为第一代桃侯，刘舍就是他的继承人。[1]

刘舍不重要，重要的是新任中尉郅都。司马迁在《史记》中安排了一篇《酷吏列传》，里面尽是铁面无私的法家风格的官员。按照时间顺序，第一名是吕后时代的侯封，他以严厉手段压迫皇族和功臣。等到吕氏倒台，侯封自然受到了政治清算，全家都被杀光。

1 详见《资治通鉴熊逸版》（第三辑）第133讲。

但侯封具体做过什么，司马迁并没讲。第二名是晁错，但他的事迹写在《袁盎晁错列传》里，所以《酷吏列传》对他只是一带而过。《酷吏列传》里真正浓墨重彩出场的，就是这位新任中尉郅都大人。

野猪事件

原文：

始，都为中郎将，敢直谏。尝从入上林，贾姬如厕，野彘卒来入厕。上目都，都不行；上欲自持兵救贾姬。都伏上前曰："亡一姬，复一姬进，天下所少，宁贾姬等乎！陛下纵自轻，奈宗庙、太后何！"上乃还，彘亦去。太后闻之，赐都金百斤，由此重都。都为人，勇悍公廉，不发私书，问遗无所受，请谒无所听。及为中尉，先严酷，行法不避贵戚。列侯、宗室见都，侧目而视，号曰"苍鹰"。

郅都在汉文帝时代做过郎官，景帝时代升任中郎将。有一次景帝到上林苑玩，贾夫人上厕所，没想到一只野猪跟了进去。景帝给郅都使眼色，意思是让他进去救人，但郅都纹丝不动。景帝急了，抓起武器亲自上。郅都这时倒是反应飞快，赶紧拦住景帝，劝谏说："就算少了一个女人，还会有别的女人，贾夫人这样的美女多的是。陛下如果看轻自己的性命，对朝廷和太后该怎么交代呢？”

景帝瞬间热血下头，不去了。至于贾夫人的安危，全看野猪自不自觉。淳朴的野猪并不知道，在这短短的时间里，厕所外面的大人物为自己做过怎样的天人交战，而贾夫人的美色在它眼里不过是红粉骷髅，并不值得留恋。轻轻地，野猪走了，虽然什么都没带走，但一定带来了什么。窦太后听说后，重赏郅都，从此对他另眼相看。至于贾夫人会有什么想法，就没人在意了。

郅都是铁面无私的典范。他担任中尉之后，凡事秉公执法，不畏权贵。所以，无论是彻侯还是宗室子弟，都不敢和他正眼相对，还给他取了个外号，“苍鹰”。

汉景帝中元年至二年

040

如何理解汉代酷吏郅都

酷吏

秉公执法、不畏权贵的郅都，跟后来的包青天似乎是同一类人，符合常人心中的好官标准。可司马迁为什么要把他当成酷吏呢？因为酷吏的“酷”，严格来说不是“残酷”，而是“冷酷”：酷吏百分百地以事实为依据，以法律为准绳，彻底地不近人情，就像机器一样冰冷。商鞅当年奠定的法律精神就是这样：对皇帝以下的所有人一视同仁，王子犯法与庶民同罪，再怎么情有可原都没用，不管谁来求情都没用。所以，不难想见，儒家不喜欢这种铁面判官。

《史记·酷吏列传》有一个特点：从郅都开始，好几个人都是中尉。当时中尉不仅是武职，负责皇宫门外的警备，还主管长安地区的治安，并且审理案件。长安一带尽是达官显贵、皇亲国戚，他们实力够强，背景够硬，难免嚣张跋扈，如果违一点法，犯一点纪，一般官员根本管不动，能够胜任中尉之职的，就只有酷吏了。

站在酷吏本人的角度，实在有必要好好想想：让自己变成一个执法机器人，冒着将来被反攻倒算的风险，去得罪那么多实力强、背景硬的人物，到底何苦呢？《史记·酷吏列传》交代了郅都的价值观：既已离开父母，走上官场，哪怕搭上性命，也应当尽职尽责，就更顾不得家人的死活了。

郅都所谓的“倍亲而仕”，把“孝”和“忠”摆在了对立面上。一个人如果选择了孝，就该好好陪在父母身边，给他们养老送终；只要踏入官场，就和孝道决裂了，从此上级派到哪里，就必须去哪里。人生不能“既要……又要……”，只能买定离手，愿赌服输。

郅都的价值观，特别能让我们看到当时的时代观念，很遗憾司马光没有这种社会学和人类学意识，竟然把这么重要的内容轻易删掉了。郅都敏锐地看到，在新时代里，谋职和顾家必须判然两途。一个毫无背景的人要想实现人生逆袭，首先必须摆正心态，做官就一往无前地去做，只有这样，才能把那些优柔寡断，总想着“既要……又要……”的竞争者们甩在身后。

当然，世界从来都是一个复杂系统，事情总是千头万绪，做事要做到什么火候，哪些人情可以接、哪些万万不可接，这些问题，只有处在权力核心，高情商、高智商的人才能处理。而像郅都这种人，家境虽然能够让他做郎官，却提供不了更强有力的支持。所以，当意识到自己看不懂复杂系统的时候，郅都就用最简单的策略去破最复杂的局，就算撞个头破血流，那也认了。若无这种决绝精神，恐怕只能一生沉沦。

景帝改元

原文：

（中元年）

夏，四月，乙巳，赦天下。

地震。衡山原都雨雹，大者尺八寸。

汉景帝中元年（前 149 年），《资治通鉴》简单记载了两件大事：一是大赦天下，二是发生了地震，下了超级冰雹。但我们首先要问：怎么变成中元年了？宋朝学者吕祖谦解释说，因为改立太子，所以相应地改了元。大赦天下也是这个原因。(《大事记·解题·卷十一》)从此往事清零，万象更新。

《史记·孝景本纪》说，汉景帝还给老百姓提升了一级爵位，这应该也是因为改立太子而普天同庆。其实，在立刘彻为太子的当年，汉景帝就给百姓当中那些“为父后者”，也就是父亲的继承人，整体提升了一级爵位，意思是：朕要庆祝自己有继承人了，天下每家每户的继承人都可以跟着沾光。(《汉书·景帝纪》)这种做法是汉帝国的传统，我们并非第一次见到。

刘荣之死

原文：

（二年）

春，二月，匈奴入燕。

三月，临江王荣坐侵太宗庙壖垣为宫，征诣中尉府对簿。临江王欲得刀笔，为书谢上，而中尉郅都禁吏不予；魏其侯使人间与临江王。临江王既为书谢上，因自杀。窦太后闻之，怒，后竟以危法中都而杀之。

景帝中二年（前148年），春二月，匈奴攻入燕国境内。这是汉帝国和匈奴关系的一个转折点，但《资治通鉴》只是简单提一句“匈奴入燕”就结束了。司马光从《汉书·景帝纪》取材，那里就只有这四个字，但《史记·孝景本纪》在“匈奴入燕”之后还有很重要的半句话：“遂不和亲。”也就是说，和亲政策从此叫停。此后一直到汉武帝时代，汉匈关系的主旋律就是打来打去。

三月，前任太子，现任临江王刘荣，被传唤到中尉府对簿公堂。王子犯法与庶民同罪的戏码，就这样开始上演了。事情的起因，是不知什么人状告刘荣为了扩建王宫，拆毁了太宗庙的院墙。

刘荣受封的临江国，在今天的湖北省中部；都城江陵，在今天的荆州市荆州区北。汉景帝前元年（前156年），将高帝庙定为太祖庙、文帝庙定为太宗庙，地方官和诸侯王要在当地兴建太宗庙。[1] 所以临江国里是有太宗庙的。刘荣才到临江国不久，就闹出了这种事。

事情可大可小。先前晁错担任内史，为了出入方便，派人凿开了太上皇庙的外墙，给内史府另外开了一个门。丞相申屠嘉抓住这件事，一心要把晁错置于死地，没想到被汉景帝轻描淡写地化解掉了。[2]

1 详见前文第019讲。

2 详见前文第020讲。

刘荣的罪过，和晁错的属于同一性质，他又有皇子身份，难道还能被治罪不成？更何况刘荣才被废掉太子头衔，亲妈也因此郁郁而终，汉景帝总该有几分亏心和同情吧？

但剧情并没有照此发展。负责审案的正是刚刚被提拔为中尉的郅都大人。刘荣人在矮檐下，最后的希望就是讨一套书写工具，给父亲写一封信。但郅都何许人也，只会铁面无私，公事公办，断然拒绝了刘荣。幸而窦婴念着当初的师生情谊，想方设法派人把书写工具偷偷递了进去。刘荣也不知是硬气还是恐惧，总之，这封信就是绝笔，写完就自杀了。

整件事的司法程序，值得我们重视一下：刘荣被传唤到中尉府“对簿公堂”。所谓“簿”大约相当于诉状，“对簿”就是主审官员根据诉状里提到的罪行对被告人一一询问、核实。“公堂”，在刘荣案里就是中尉府。中尉府不但有法庭，可以“对簿公堂”，还有监狱，可以羁押刘荣，断绝他和外界的联系。

按说司法事务的最高长官是廷尉，但我们从《史记·酷吏列传》看到，皇亲国戚的违法犯罪行为基本都归中尉管，中尉如果不是酷吏，很难管得住这些人。再看当时担任廷尉的张欧，前文讲过，他就一个特点：忠厚。张欧学的虽是刑名之学，当廷尉也算专业对口，但他在任上，从来都以宽仁为怀。[1] 如果刘荣案归廷尉来审，应该不会是这个结果。

刘荣显然罪不至死，所以《汉书》有记载，说刘荣死后葬在蓝田，有几万只燕子衔来泥土铺在他的坟上，老百姓也同情他的遭遇。(《汉书·景十三王传》)

窦太后复仇

刘荣之死，深深激怒了窦太后。窦太后出身民间，一直保有正常而朴素的人性。孙儿就这么不明不白地死了，奶奶怎么能咽得下这口气？《资治通鉴》记载，窦太后虽然此时处置不了郅都，但后来找准他的纰漏，以严刑峻法惩治，合法地杀了他，为孙儿报了仇。

但是，《史记》则说，窦太后盛怒之下，以严刑峻法构陷郅都，使其罢官回家。但汉景帝不心疼刘荣，反而心疼郅都，派使者追到他家里，拜他为雁门太守，而且特意叮嘱，让他不必到长安谢恩，直接从家里出发赴任就好。(《史记·酷吏列传》) 言下之意是：自求多福吧，别让窦太后再看见你。

雁门郡属于北方边郡，肩负着抵御匈奴的重任。

1 详见前文第 019 讲。

匈奴人听说过郅都的名声，赶紧躲着他，直到郅都去世才敢靠近雁门。匈奴人甚至按照郅都的相貌做了一个木头人，当成箭靶，但竟然没人射得中。

后来窦太后不依不饶，又找了个机会以严刑峻法构陷郅都。汉景帝为他说情，说郅都是忠臣，何必难为他，但窦太后反问一句："临江王难道不是忠臣吗？"汉景帝哑口无言，只能依法处斩郅都。(《史记·酷吏列传》)

刘荣之死和窦太后报复郅都，正应了春秋时代的有识之士对条文法的担忧：有限的法律条文囊括不了变化无穷的现实世界，不管条文制定得多么包罗万象，但总会百密一疏，聪明人永远都不乏舞文弄法的途径。不过，《资治通鉴》并没有采录这段记载。司马光在《通鉴考异》里讲过自己的理由，说时间线对不上，抗击匈奴的那位郅将军很可能并不是郅都。(《通鉴考异·卷一·汉纪上》)

当然，无论是被杀还是被贬，郅都都已经完成了他的使命。至于新任太子刘彻，应该还不知自己的太子地位来得多么不易——对手除了刘荣之外，还有更厉害的梁王刘武。

041

梁王夺嫡案是怎么发生的

原文：

夏，四月，有星孛于西北。

立皇子越为广川王，寄为胶东王。

秋，九月，甲戌晦，日有食之。

这一讲我们继续来看景帝中二年（前 148 年）的历史。刘荣自杀以后，当年夏四月，彗星出现在西北。同在夏季，汉景帝立皇子刘越为广川王、刘寄为胶东王。秋季，发生日食。

其实还有两件事，大概看上去无足轻重，所以《资治通鉴》就没提，不过从制度意义上，还是有必要交代一下：一是修改官职名称，郡最高长官守改称太守，郡军事长官尉改称都尉；二是将“七国之乱”当中四名烈士的儿子封为彻侯。（《汉书 · 景帝纪》）

官职名称的改变，很可能是为了强化中央官和诸侯官的区别，让前者更有高级感。至于那四名烈士，则是原先楚国和赵国的国相等人。当初他们以中央派驻诸侯国要员的身份，站在中央的立场，劝谏楚王刘戊和赵王刘遂不可造反，因此壮烈殉职。这样的事迹当然需要大力表彰。

这段时间最重要的事情是，废立太子所引发的政治地震非但没有结束，反而爆发了一场强烈的余震。事情要从"七国之乱"平定说起。当时梁王刘武既是皇帝的至亲，又立下了平叛大功，当然该被重赏。问题是，如果赏赐土地，一来梁国已是天下第一大国，二来汉景帝经历过削藩的跌宕起伏，无论如何都不会有这种念头；如果赏赐金银珠宝，又早已赏赐得太多，再赏的话，边际效用几乎为零。

天子旌旗

原文：

初，梁孝王以至亲有功，得赐天子旌旗，从千乘万骑，出跸入警。王宠信羊胜、公孙诡，以诡为中尉。胜、诡多奇邪计，欲使王求为汉嗣。栗太子之废也，太后意欲以梁王为嗣，尝因置酒谓帝曰："安车大驾，用梁王为寄。"帝跪席举身曰："诺。"

汉景帝赐给梁王刘武的，竟然是天子旌旗。从此，刘武出行的排场就不一般了。仪仗队不但千军万马，前呼后拥，而且出警入跸，打着天子旌旗招摇，绝不比汉景帝的排场小。

刘武有两位最信任的门客，一个叫羊胜，一个叫公孙诡。这两人足智多谋，又很想拿出真本事来报答主君的知遇之恩。但“七国之乱”已经平定，无仗可打了，刘武的地位、声望和财富也已经到达人生巅峰，哪里还有立奇功的机会呢？

平心而论，如果想立军功，绝对有的是机会——现在和匈奴搞坏了关系，如果羊胜、公孙诡出奇谋，为汉帝国平定匈奴之患，那真是不折不扣的功在当代、利在千秋，可以让梁王刘武万古流芳。但如果不走军功这条路，让刘武百尺竿头更进一步的办法就只剩一个：当皇储。

将刘武运作成皇储，看上去是很有希望的，而且根本用不着造反，因为窦太后最疼这个小儿子，早有这个心思以便将来兄终弟及。所以，在刘荣被废之后，梁国君臣仿佛看到了耀眼的曙光。

某次宴席上，窦太后对景帝认真讲过这个意思，景帝也郑重其事地应承下来。窦太后说：“安车大驾，用梁王为寄。”虽是委婉语，但意思很直接，翻译过来就是："等你死后，让你弟弟接班。"但问题是，这等国家大事，窦太后总得找个正经的理由，总不能说"因为我最疼小儿子，所以你必须让他当皇储"。

这个理由《史记》讲过，但被《资治通鉴》删了。《史记》的原文是："殷道亲亲，周道尊尊，其义一也。"所谓"殷道"，是传说中殷商时代的继承法，指导思想是"亲亲"，也就是人在全部的血缘纽带当中，对兄弟的感情是最深的，传位要传给兄弟；所谓"周道"，是周代的继承法，指导思想是"尊尊"，也就是尊重父系祖先，对父子关系最看重，传位要传给嫡长子。虽然两套继承法的表现形式截然不同，但窦太后认为，它们的内涵是一致的。言下之意就是：汉景帝选择皇储，无论是选嫡长子还是选嫡亲的兄弟，其实都一样。既然刘荣被废了，何不让老母亲开心一下，就选梁王刘武呢？（《史记·梁孝王世家》）

梁王夺嫡

原文：

罢酒，帝以访诸大臣，大臣袁盎等曰："不可。昔宋宣公不立子而立弟，以生祸乱，五世不绝。小不忍，害大义，故春秋大居正。"由是太后议格，遂不复言。

按说“殷道亲亲，周道尊尊”这种话，以窦太后的文化水平应该说不出来，也不知是谁教给她的。汉景帝虽然当时满口应承，但其实没太听明白，后来又找了一些有文化的大臣咨询。文化人一听就懂，对汉景帝说：“太后这是想立梁王当皇储啊。”

在这些有文化的大臣里，袁盎是意见领袖。他给汉景帝讲解了两套继承法的来龙去脉，并且给出了自己的判断：“汉家效法周制，传子不传弟。”但为什么汉家一定要效法周制呢？为什么就不能变通一下呢？这对袁盎来说并不重要。重要的是，如果一定要坚持传子不传弟的原则，怎么才能做通老太太的思想工作呢？

袁盎等人自告奋勇，要当面向窦太后做解释。见到窦太后，袁盎等人率先抛出一个问题：“您打算立梁王为皇储，那您有没有想过，将来梁王死了，谁来接班呢？”窦太后很讲理，说那时再把皇位交还给景帝的儿子。对窦太后而言，这是很自然的想法，因为由父死子继改为兄终弟及，显然亏待了哥哥，那么等弟弟死后，就应该给哥哥补偿，让继承权回到哥哥的直系血脉。袁盎等人预料到窦太后会这样想，所以早就准备好了套路，开始引经据典，说春秋时的宋国发生过一模一样的事情，结果国家一连五代都内乱不止，

所以《春秋》大义有一条叫作“君子大居正”。(《史记·梁孝王世家》)

所谓“大居正”，就是以居正为大，意思是：君子应该把端正位置、走正道，当成头等大事。嫡长子继承制就是“正”，就是国家的头等大事，一旦走歪了，麻烦就不是一般的大。顺便提一句，明朝改革家张居正的名字就是从这里来的。张居正，字叔大，名与字合，就是“君子大居正”的意思。

“君子大居正”出自《春秋公羊传》，简称《公羊传》。研究《公羊传》的学问称为公羊学。等到汉武帝时儒家学术崛起，公羊学就是其中最能呼风唤雨的一种。在梁王夺嫡案里，我们看到的只是公羊学的小试牛刀。

拒修甬道

当时窦太后被一群官僚知识分子反驳得哑口无言，梁王刘武的继承资格之事也就这么不了了之了。但如果脑筋灵活一点，窦太后其实可以问：“那你们说，‘殷道亲亲’怎么就行得通呢？商朝人是不是有什么高明的制度设计，可以规避兄终弟及的潜在风险呢？”

这个问题如果抛给现代人，解题思路一是做考据，考察殷商时代是不是真有这么一种继承法，二是从社会结构出发，提出上古时代人均寿命短，生存压力大，父子关系不容易被确认等论据。但是，汉朝知识分子面对这样的问题，主要是从民情角度进行解释。所谓“殷质而周文”，是一套生拉硬拽的说辞。殷商时代的继承制度到底是怎么回事，其实袁盎等人根本就弄不清。

原文：

王又尝上书：“愿赐容车之地，径至长乐宫，自使梁国士众筑作甬道朝太后。”袁盎等皆建以为不可。

窦太后这边熄了火，梁王刘武也就没了抓手，他对袁盎这些人怎能不恨呢？更何况除了新仇，还有旧恨——梁王刘武曾经上书，希望修一条直达长乐宫的甬道，方便自己探望母亲。工程当然很大，但刘武保证，一切人力物力都由自己出，不给中央财政增加负担。袁盎等人纷纷提出反对意见，甬道最终没修成。

从工程角度讲，事情应该不大。根据清朝学者王先谦的说法，这里所谓的甬道，是从梁王的驻京官邸通往窦太后居住的长乐宫，不过是一条长安城内的专用高速路而已。（［清］王先谦《汉书补注·贾邹枚路传》）这么一点事，袁盎等人为何非要阻挠呢？

史料并没有交代原因。不过，从传统来看，甬道有两种：一种是军事工程，为运兵、运粮提供便利和保护；一种是特权工程，专为特权者就近出行提供便利和私密性。梁王刘武要修的显然是后者。甬道的特点是道路两边筑墙，道路上的交通状况墙外之人完全看不到。在都城之内，或者从皇宫到周边的离宫别馆修建甬道，享受专属而私密的通车特权，这是皇帝的专利。先前秦始皇就曾在咸阳周边大修甬道，刻意把自己搞得神出鬼没。[1]

所以，修一条从梁王驻京官邸连通长乐宫的甬道，工程虽然不大，却分享了本该由皇帝独享的特权，大有僭越的嫌疑，所以先例不可开，风气不可长。袁盎等人的反对意见，相当于告诉梁王刘武：没错，你有这个钱，也有这个能力，但你不配。

1 详见《资治通鉴熊逸版》（第二辑）第249讲。

—— 042 ——

梁王是怎么弃卒保车的

梁王刘武为自己争特权、争皇储之位，连番被袁盎等人阻挠，因此新仇旧恨涌上心头，开始谋划一桩前无古人的大事：成规模地暗杀政敌。

刺杀袁盎

原文：

梁王由此怨袁盎及议臣，乃与羊胜、公孙诡谋，阴使人刺杀袁盎及他议臣十余人。贼未得也，于是天子意梁；逐贼，果梁所为。

有羊胜、公孙诡运筹帷幄，刘武秘密派出刺客，准备刺杀袁盎和其他十几名大臣。假如这个大胆的暗杀计划真的成功了，或者说成功了七八成，那么长安城内便将有高级官员接连遇刺，这会在朝野上下造成巨大的震动。

时隔两千年，我们很难理解刘武的动机。做这种事，除了泄愤之外，对自己有百害而无一利。假如在汉景帝和窦太后犹豫不决时，刘武趁着袁盎等人还没把话说透，抢先刺杀了他们，多少还有点意思。如今刘彻已被立为太子，窦太后也打消了让刘武当皇储的念头，刘武的政治生涯绝不可能更进一步，这是既成事实。木已成舟，何苦来哉。

如果说刘武只是一时情绪失控，让愤怒压倒了理智，但设计针对十几名朝廷大臣的暗杀计划必定需要深思熟虑，怎么可能是冲动犯罪呢？

《史记·韩长孺列传》说，羊胜、公孙诡劝说梁王刘武争当皇储，并且多争取一点地盘，担心朝廷大臣反对，所以才派刺客搞暗杀。等杀掉袁盎，羊胜、公孙诡这两个幕后黑手没能被幕布遮住，所以汉景帝派使者来到梁国，务求缉拿二人归案。

刺客到底杀了多少人，是只杀了袁盎，还是杀了一连串大臣，似乎很难搞清楚。《资治通鉴》说："阴使人刺杀袁盎及他议臣十余人。贼未得也。"这是从《汉书·文三王传》抄录来的。看来暗杀计划圆满成功，袁盎和其他十几名反对立梁王为皇储的大臣都遇刺了。但结合《史记》来看，梁王刘武应该只是"计

划”杀掉这么多人，而真正杀掉的其实只有袁盎一个。（《史记·梁孝王世家》）

要知道，这种级别的凶杀案，出现一桩就足够震动朝野，一定会从严从速查办。话说刺客得手之后，人虽逃了，但剑还插在袁盎的尸身上。办案人员正是从剑上顺藤摸瓜，查出凶手是梁国的一名郎官，深入调查之下，才发现袁盎只是梁王刘武暗杀名单上的第一个，后面还有十几位朝廷大员。执法干部穷追猛打，眼看就要真相大白了。（《史记·梁孝王世家》）

这时候，窦太后吃不下饭，睡不着觉，每天只是哭个不停。汉景帝发了愁，请大臣们给建议。大臣们不负重托，给出了一个耐人寻味的意见：派去梁国办案的，必须是通晓经术的官员。（《史记·梁孝王世家》）这个细节很重要，可惜被司马光删掉了。当时所谓通晓经术的人，指的是通晓儒学的专家。

田吕办案

原文：

上遣田叔、吕季主往按梁事，捕公孙诡、羊胜；诡、胜匿王后宫。使者十余辈至梁，责二千石急。梁相轩丘豹及内史韩安国以下举国大索，月余弗得。

于是，汉景帝派出了两位儒学素养过硬的学者型官僚，田叔和吕季主，到梁国查案。

为什么专挑儒家人物去查案呢？试想：如果派的是郅都或者任何包青天型的大侦探，明察秋毫，铁面无私，那么梁王刘武肯定在劫难逃。而一旦处死了刘武，甚至灭了刘武全家，汉景帝该怎么对窦太后交代呢？

就算汉景帝铁石心肠，一点都不在乎亲妈的感受，但明知道亲妈最疼这个弟弟，却亲手把弟弟弄死，也显得太没人情味了。如果窦太后急怒攻心，闹出个三长两短，那圣朝就别提什么以孝道治天下了。皇家应该是天下家庭的表率，如果一母同胞的兄弟搞到你死我活的地步，这岂不是让天下人看笑话？所以才必须派儒家官员去。儒家情大于法，帮亲不帮理。

关于田叔和吕季主的特点，《史记》给了六个字："通经术，知大礼。"（《史记·梁孝王世家》）最要紧的一个字就是"大"——在传统文化里，什么东西只要加了"大"字作前缀，就会在一个更高的维度站到自己的对立面上。比如孝道的孝，普通理解就是孝顺父母，但如果加上一个"大"字，那么"大孝"就是置父母死活于不顾，全心全意为皇帝效忠。理解了这个道理，田叔和吕季主所谓的"知大礼"，其含义也就不问可知了。

作为现代读者，你也许会有一个疑问：汉景帝审刘荣，派的是铁面判官郅都，生生把刘荣逼死了，过后还称赞郅都是忠臣。他不怕逼死亲儿子，怎么反倒怕逼死亲弟弟呢？

这就是古今风俗的差异了——在古代父权制社会里，父亲对儿子有绝对的权威，就算亲手把儿子打死，也不算多大罪过。但在兄弟关系上，要顾全的并不是兄弟情分，而是父母的感受。害死兄弟，这是不孝的罪过，很严重。

那么，田叔和吕季主到梁国办案，是不是一副好好先生的样子，到处和稀泥呢？恰恰相反，他们咬住线索不放松，以最大的侦缉力度到处搜捕羊胜、公孙诡。但是，他们竟然抓不到人，因为二人藏在梁王刘武的后宫里，那是一个绝对安全的地方。

估计梁王的想法是：只要拖上一段时间，等风头过了，事情就会不了了之。没想到，朝廷的使者接连来到梁国，前后来了十几拨人，给梁国施加的压力越来越大。看来拖不下去了，事情必须有个交代。

韩安国进谏

在梁国的高级干部中有一位韩安国，他听说了羊胜、公孙诡的藏身之处，心里有了定见，哭着来求梁王交人。

原文：

安国闻诡、胜匿王所，乃入见王而泣曰："主辱者臣死。大王无良臣，故纷纷至此。今胜、诡不得，请辞，赐死！"王曰："何至此！"安国泣数行下，曰："大王自度于皇帝，孰与临江王亲？"王曰："弗如也。"安国曰："临江王適长太子，以一言过，废王临江；用宫垣事，卒自杀中尉府。何者？治天下终不用私乱公。今大王列在诸侯，訹邪臣浮说，犯上禁，桡明法。天子以太后故，不忍致法于大王；太后日夜涕泣，幸大王自改，大王终不觉悟。有如太后宫车即晏驾，大王尚谁攀乎？"语未卒，王泣数行而下，谢安国曰："吾今出胜、诡。"王乃令胜、诡皆自杀，出之。上由此怨望梁王。

韩安国是这段历史中的一个重要人物，还在平定"七国之乱"中立过大功。他的特点是人情世故通透，既扛得住事，也受得起委屈，沉得住气。摆在他眼前的难题是：羊胜、公孙诡一定要捉拿归案，但既不能硬抓，也不能向朝廷使者举报，唯一能争取的就是说动梁王主动让步。以韩安国的智慧，当然知道交出羊胜、公孙诡只能交死人，不能交活人，否则梁王一定会被牵连进去，事情可就不好收场了。而让这二人去死，必须由梁王自己拿主意，自己下黑手。

韩安国很会说话，抓住了两个重点：一是兄弟再亲也不如父子亲，汉景帝连亲生儿子都能逼死，皇位面前，更不会在乎兄弟；二是真心疼爱梁王的只有窦太后，而她岁数大了，如今为了这件案子寝食难安，万一有个三长两短，梁王的保护伞可就没了。

梁王一点就透，马上答应交人。大概梁王早就有了牺牲羊胜、公孙诡的意思，只需有人来推一把，帮自己下定决心。

在《史记》里，韩安国为了增强说服力，还引用了当时的一句俗话："虽有亲父，安知其不为虎？虽有亲兄，安知其不为狼？"（《史记·韩长孺列传》）意思是，血缘亲情是靠不住的，利字当头，父亲对儿子可能比老虎还凶，哥哥对弟弟可能比豺狼更狠。

先前汉景帝对梁王的各种亲昵和包容，让梁王有点忘乎所以，到了紧要关头，稍稍冷静一想，梁王马上掂量出了自己的命和羊胜、公孙诡的孰轻孰重。当然，交人可以，但不能交活人。

可怜羊胜、公孙诡这一对梁王身边的卧龙、凤雏，危难关头变成了丢车保帅的两只车，变成了大局观下不得不牺牲的小节。联想到汉景帝是怎么对待晁错的，他和梁王还真有一母同胞亲兄弟的样子。虽然羊胜、公孙诡死了，但汉景帝并不傻，从此对亲兄弟有了看法，二人的关系再也不可能恢复到从前。

那么，问题来了：羊胜、公孙诡死后，难道就死无对证了吗？暗杀朝廷高官这么大的谋划，田叔、吕季主查了这么久，怎么可能查不到其他线索？羊胜、公孙诡在死之前那么长的时间里到底藏哪儿了，这是一个最容易入手的线索，要不要查下去呢？就算不查，汉景帝也一定能想到最大的幕后黑手就是梁王刘武，会恼恨这个唯一的亲弟弟不但不诚惶诚恐地认错，反而杀人灭口。

043

梁王夺嫡案是怎么收场的

其实，事情可以有更好的解决办法：梁王刘武不妨早点负荆请罪，说自己和袁盎结有私怨，咽不下这口气，一时间情绪失控，才做了傻事。只要兄弟之情不受影响，一切都好说。但羊胜、公孙诡一死，案情就敏感了——要查的话，可以彻查到底，搞个水落石出；不查的话，也可以蒙混过关，大家心照不宣。

邹阳斡旋

原文：

梁王恐，使邹阳入长安，见皇后兄王信说曰："长君弟得幸于上，后宫莫及，而长君行迹多不循道理者。今袁盎事即穷竟，梁王伏诛，太后无所发怒，切齿侧目于贵臣，窃为足下忧之。"长君曰："为之奈何？"阳曰："长君诚能精为上言之，得毋竟梁事；长君必固自结于太后，太后厚德长君入于骨髓，而长君之弟幸于两宫，金城之固也。昔者舜之弟象，日以杀舜为事，及舜立为天子，封之于有卑。夫仁人之于兄弟，无藏怒，无宿怨，厚亲爱而已，是以后世称之。以是说天子，徼幸梁事不奏。”长君曰：“诺。”乘间入言之，帝怒稍解。

是时，太后忧梁事不食，日夜泣不止，帝亦患之。

这时，汉景帝的态度就至关重要了。而梁王刘武并不傻，察觉到了哥哥的恨意，于是派邹阳到长安，找王信想办法。

邹阳在前文出场过。他是当时的辞赋名家，在文学史上有一席之地，先前投靠吴王刘濞，见势不对就转投了梁王刘武，成为梁园雅集当中的活跃分子。[1] 王信也出场过，是奇女子臧儿和前夫王仲生的儿子，如今大妹妹做了皇后，他就是国舅了。[2]

邹阳说动王信，抓住的要点是：皇亲国戚同气连枝，一旦袁盎遇刺案被追究到底，梁王死了，窦太后的怒火没处倾泻，一定会找王信这帮人的麻烦，怨他们见死不救。王信没少违法乱纪，窦太后要想找碴儿

1 详见前文第 021 讲。

2 详见前文第 038 讲。

收拾他，非常容易。所以，王信应该赶紧替梁王求情，只要保住了梁王，就会被窦太后另眼相看。

邹阳的这套逻辑，确实入情入理，无论是皇亲国戚还是平民百姓，亲戚之间劝和不劝分，这是赚好感的经典操作。当和事佬总是最能给自己加分的。而那些袖手旁观和煽风点火的亲戚，即便一时得了好处，也难免将来倒霉。就算认同袁盎那套“君子大居正”的道理，王信也应该明白，自己是皇亲国戚，袁盎是外姓人，两者谋求幸福生活的策略不一样。

就这样，王信找机会开导汉景帝，稍稍缓和了他的愤怒情绪。窦太后知道小儿子闯下了滔天大祸，整日吃不下饭，睡不着觉。这让汉景帝特别为难。

我们读这段历史时，会明显感觉到：在皇帝的家庭生活中，亲情依然占据着很高的位置。再怎么利欲熏心，到底还是一家人，有着自然的血缘感情。窦太后虽然贵为太后，其实和普通老太太没什么区别，眼睁睁看着老大和老幺闹矛盾，手心是肉，手背也是肉，不知如何是好。

熟人社会

原文：

会田叔等按梁事来还，至霸昌厩，取火悉烧梁之狱辞，空手来见帝。帝曰：“梁有之乎？”叔对曰：“死罪！有之。”上曰：“其事安在？”田叔曰：“上毋以梁事为问也！”上曰：“何也？”曰：“今梁王不伏诛，是汉法不行也；伏法而太后食不甘味，卧不安席，此忧在陛下也。”

就在这时，田叔、吕季主办完公差，从梁国回来了。快到长安时，他们把所有案件卷宗烧个精光，空着手来向皇帝交差。接下来的这段对话相当经典。

景帝问道：“梁王参与了吗？”回答是：“参与了，梁王有死罪。”

景帝又问道：“到底是怎么回事？”回答是：“陛下您就别问了吧。”

景帝很费解：“为什么呀？”回答是：“如果梁王不伏诛，那么朝廷律法就是一纸空文；若依法办事，太后她老人家吃得消吗，陛下您又该怎样面对太后呢？”

之所以找田叔、吕季主侦办袁盎遇刺案，为的正是这种办案精神。他们在梁国，办案办得急如星火，板子高高举起，震慑力必须有，还必须大；但结案结得却轻描淡写，板子必须轻轻落下。计划经济时代的管理者处置犯错的员工，往往也是这种风格，背后的道理很简单：真正处罚一个人，甚至裁掉一个人，在当时难于登天，所以多一事不如少一事；但不处罚的话，一来犯错的员工会得寸进尺，二来无数双眼睛盯着，队伍从此就没法带。

儒家伦理是从熟人社会中诞生的，也特别适用于熟人社会。计划经济时代的单位，其实也是熟人社会，同事之间要处一辈子。汉帝国虽然一路在推进中央集权，打破熟人社会，但其皇族的核心成员依然生活在一个熟人社会里，至少窦太后、汉景帝和梁王这母子三人的关系牢不可破。那么，案子到底该怎么办，就算田叔等人不是儒家出身，只要看得懂基本的人情世故，心中自然有数。

药到病除

原文：

上大然之，使叔等谒太后，且曰："梁王不知也。造为之者，独在幸臣羊胜、公孙诡之属为之耳，谨已伏诛死，梁王无恙也。"太后闻之，立起坐餐，气平复。

于是汉景帝让田叔等人去窦太后那里做汇报，把屎盆子全扣在羊胜、公孙诡两个死鬼头上，梁王刘武仍是一朵纯洁无瑕的白莲花，是老太太最疼爱的小幺儿。这可真是药到病除，窦太后马上就有胃口了。当然，窦太后也不傻，对案情的真相肯定会有自己的判断，只不过在她看来，重要的并不是梁王刘武是否无辜，而是汉景帝能不能法外开恩，放过这个兄弟。

值得我们关心的是：假如窦太后前些年就死了，汉景帝这次会放过梁王刘武吗？估计不会。这才是梁王刘武必须直面的严峻问题，不能因为案子结了，羊胜、公孙诡当了替死鬼，就假装无辜、如常生活，这样的话，灭顶之灾就离他不远了。在国家层面，梁王虽然洗清了嫌疑，或者说，可以不认错，但在家庭层面，他必须拿出十足的知错悔改的姿态，去软化哥哥的心。这种事情，分寸很难拿捏，既要伏低做小，又不能直接认错，请求宽恕。

梁王归来

原文：

梁王因上书请朝。既至关，茅兰说王，使乘布车、从两骑入，匿于长公主园。汉使使迎王，王已入关，车骑尽

居外，不知王处。太后泣曰："帝果杀吾子！"帝忧恐。于是梁王伏斧质于阙下谢罪。太后、帝大喜，相泣，复如故，悉召王从官入关。

刘武的做法，简直就是一场行为艺术。他先是给朝廷上书，请求进京朝见，然后在到达函谷关时，把大部队留在关外，只乘坐一辆不起眼的小车，带着两名骑马的随从，无声无息地前往长安——但不是直接入宫，而是躲进了亲姐姐馆陶长公主刘嫖的家里。于是，朝廷使者前来迎接梁王时，却发现他神秘失踪了，只有随行的人马留在函谷关外。窦太后听闻，当即就哭了，说梁王一定是被汉景帝杀了。汉景帝又是担心，又是焦躁，不知如何是好。

就在这时，梁王突然现身，不再是以前那种车马如云、光鲜亮丽的样子，而是孤零零的，像一个犯了错、离家出走的小孩，突然出现在家门口，紧张、害怕、想家，心里知道错了，但又紧紧抿着嘴唇，泪珠马上要掉下来。好吧，回来就好。窦太后和汉景帝如释重负，一家三口顿时一起哭了起来。家人没有隔夜仇，关系恢复如初。

擢为鲁相

原文：

然帝益疏王，不与同车辇矣。帝以田叔为贤，擢为鲁相。

当然，关系只是貌似恢复如初，扎在汉景帝心里的刺早已生根发芽。等这一时的亲情下了头，他就开始疏远梁王，不再像以前那样兄弟二人同乘一车了。至于田叔，因为办案出色，有大局观，很受汉景帝赏识，被升任为鲁国国相。

这位田叔在第三辑中已经出场。那还是刘邦时代，赵王张敖被控谋反，搞得血雨腥风。逮捕张敖时，刘邦严令，张敖的臣僚、宾客有谁胆敢追随，一律灭族。但田叔、孟舒等人自己剃掉头发，套上枷锁，自称是张敖的奴仆，追随他到了长安。《史记》的记载比较详细，说追随者一共有十几人。后来案情水落石出，刘邦将这十几人尽数授予要职，要么是郡守，要么是诸侯相。在这些人当中，田叔是最耀眼的一个。[1]

田叔的儿子田仁颇有乃父之风，在汉武帝时代名

1 详见《资治通鉴熊逸版》（第三辑）第155讲。

扬天下。后来发生了巫蛊事件，汉武帝疑心太子刘据造反，当太子兵败，逃到城门，想逃出长安时，负责把守城门的正是这位田仁。一个两难的局面摆在田仁面前：如果忠于职守的话，就必须严守城门，甚至捉拿太子。但他们是父子之间闹矛盾，不管现在如何，毕竟打断骨头连着筋。该怎么办呢？田仁故意卖个破绽，由着太子出城逃走了。（《史记·田叔列传》）

不过，田家父子的命运并不一样：田叔放过了梁王刘武，因此被汉景帝提拔；田仁放过了太子刘据，却被汉武帝处死。到底谁对谁错，留待后文分解。

汉景帝中三年

044
周亚夫为什么反对封王信

原文：

（三年）

冬，十一月，罢诸侯御史大夫官。

景帝中三年（前147年），头一件事是撤销了诸侯国内的御史大夫一职。单看《资治通鉴》的这条记载并不明白，但把“七国之乱”以后汉景帝对诸侯国官员的一连串削减梳理下来，马上就会意识到，这是在逐步弱化诸侯王对封国的控制。

总之，政策的方向是：中央政府要逐渐变强，诸侯国政府要逐渐变弱，诸侯王的权力要逐渐架空。经过“七国之乱”的教训，汉景帝明白了，饭要一口一口吃，路要一步一步走，削藩是一定要削的，只是再不能像晁错那样大刀阔斧了。

此后一直到汉武帝时代，诸侯国的官员建制，规模一步步缩小，名分和品级也在一步步降低。中央官和王国官，不但称谓上要有明显区别，品级和待遇更要拉开距离。歧视必须摆在明面上，才能有效塑造全社会的尊卑意识。

禁酒

原文：

夏，四月，地震。

旱，禁酤酒。

夏四月，地震。随后爆发了旱情，对应的政策是禁止卖酒。干旱就干旱，和卖不卖酒有什么关系呢？关系非常大。在政策意义上，酒有三大特点：

第一，酒是粮食酿的。

第二，粮食是生活必需品，但酒不是。

第三，酒能乱性，平白增加政府的管理成本。

所以，在粮产量不高，物流不便，时不时要闹饥荒的古代农耕社会里，酿酒就等于糟蹋粮食。只要有灾情了，粮食不够吃了，最容易被提上议程的政策就是禁酒。

酒要怎么禁，方案多种多样。有直接在生产环节禁的，当然这很难操作；也有征收重税的，当酒税高到一定程度时，就没几个人买得起了，自然不会有很多人酿酒；还有搞政府专卖的，这个钱不许老百姓赚；更有在交易环节禁的，就像汉景帝这次，准许民间自酿自饮，只是不许买卖。

秦汉时代，喝酒并非易事。《史记集解 · 孝文本纪》引文颖语："汉律，三人已上无故群饮，罚金四两。"意思是，像今天这样几个同事加完班，一道吃个夜宵，喝点酒，在汉朝是违法的，要被"罚金四两"。实在想喝酒的话，找个知心朋友，"两人对酌山花开，一杯一杯复一杯"，这是可以的；或者一个人喝闷酒，"花间一壶酒，独酌无相亲"，也没问题；但只要凑够三个人，"兄弟凡三人，相与日饮酒"，被抓到的话，就要罚金。这个罪过不算小——第三辑里讲过，天子出行有一套警跸制度，街道要戒严，如果有谁违反戒严令，冲到安防边界以内，罪名就叫"犯跸"，也是"罚金四两"。[1] 文景之

1 详见《资治通鉴熊逸版》（第三辑）第 231 讲。

治使粮食储备多了起来，有人认为这和当时严格禁酒的政策有直接关系。但到底关系有多大，并不好说。

家务事

原文：

三月，丁巳，立皇子乘为清河王。

秋，九月，蝗。

有星孛于西北。

戊戌晦，日有食之。

初，上废栗太子，周亚夫固争之，不得；上由此疏之。而梁孝王每朝，常与太后言条侯之短。窦太后曰："皇后兄王信可侯也。"帝让曰："始，南皮、章武，先帝不侯，及臣即位乃侯之；信未得封也。"窦太后曰："人生各以时行耳。自窦长君在时，竟不得侯，死后，其子彭祖顾得侯，吾甚恨之！帝趣侯信也。"

本年度接下来的几件事，有皇子刘乘受封清河王，有蝗灾、彗星、日食，司马光都一笔带过，重点交代周亚夫——周亚夫当了四年丞相，和汉景帝的矛盾越来越大，终于被解职。

冰冻三尺，非一日之寒。早先刘荣被废，周亚夫竭力反对，就很招汉景帝反感，又有梁王刘武记恨“七国之乱”时周亚夫对自己见死不救，经常在窦太后面前说他的坏话。在汉景帝的核心小家庭里，窦太后、汉景帝和梁王刘武全都反感周亚夫，可想而知他的解职只是时间问题。

还有一件事激化了汉景帝和周亚夫的矛盾。当时，窦太后提议汉景帝给王皇后的哥哥王信封侯。前文讲过，臧儿和前夫王仲生了一男两女，这一男就是王信，两女当中的大女儿就是现在的王皇后。[1]

窦太后如此提议，看来是很满意王皇后这个儿媳，而王信又为梁王说过情。[2]但景帝很为难，说当初南皮侯窦彭祖和章武侯窦广国在文帝时代都没封侯，直到自己登基才封侯，现在给王信封侯，显然没到时候。[3]

汉景帝的意思是，给外戚无功封侯倒也不是不行，只是不宜操之过急，给王信封侯之事，不妨等到自己的继承人刘彻登基之后再办。换言之，皇亲国戚是有资格无功而封侯的，但最好是做小辈的皇帝给做长辈的外戚封侯，好歹能沾个“孝”字。现任皇帝实在不

1 详见前文第 038 讲。

2 详见前文第 043 讲。

3 详见前文第 037 讲。

好意思给平辈的大舅子、小舅子封侯。

但窦太后规劝汉景帝："人生各以时行耳。"意思是，不能认死理，时代变了，做法也不妨跟着变。窦太后说，当初自己的哥哥窦长君一辈子没能封侯，即便后来他的儿子窦彭祖封了侯，也不能消除自己对哥哥的歉疚之情。所以，将心比心，趁王信还好好活着，就赶紧给他封侯吧。

汉代这段历史，给人最突出的感受是：国家也好，王朝也罢，说到底不过是皇帝的家族企业，老百姓过得是好是坏，只是家族生意的副产品。窦太后虽说是至尊无上的皇太后，但骨子里不过是个重视亲情、想一家人好好过日子的平凡老太太，并不在乎什么国家大事。而汉景帝其实也没多在乎国家大事，家务事就够他操心的了——既要照顾亲妈的感受，又要防着亲弟弟，要打压所有的叔伯兄弟，还要操心一堆大小老婆和雨后蘑菇一样的儿女——实在不容易。

白马之盟

原文：

帝曰："请得与丞相议之。"上与丞相议。亚夫曰："高皇帝约：'非刘氏不得王，非有功不得侯。'今信虽皇后兄，

无功，侯之，非约也。”帝默然而止。其后匈奴王徐卢等六人降，帝欲侯之以劝后。丞相亚夫曰：“彼背主降陛下，陛下侯之，则何以责人臣不守节者乎？”

汉景帝看窦太后这样坚持，只好拿周亚夫当挡箭牌，说要找丞相商量。封侯这等国家大事，总要和丞相打个招呼才行。结果，周亚夫斩钉截铁地反对，理由是：“高皇帝当初和大臣有约，不姓刘的人不能当诸侯王，没有军功的人不能封侯。拿这个标准衡量，王信虽是皇后的哥哥，但寸功未立，如果给他封侯，就违背了高皇帝之约。”

这项誓约，就是“白马之盟”。第三辑里详细讲过，白马之盟的可信度非常低，是功臣集团剿灭吕氏家族以后，为了证明自己行为的合法性，才捏造了这项誓约。剿灭吕氏的主谋当中，就有陈平、周勃二人——这样一来，刘邦临终时对吕后交代的政治遗嘱也就容易理解了。当时吕后向刘邦征询相国的后继人选，刘邦给出的方案是：萧何死后由曹参接替，曹参死后由王陵接替，但王陵憨直鲁莽，需要有陈平和他配合。那为什么不直接让陈平接替呢？因为陈平虽然聪明绝顶，但缺乏独当一面的才干。周勃也是个合适的人选，将来安定刘氏江山的非他莫属，不如就任命周勃为太尉，掌握军权好了。[1] 周亚夫既是周勃之子，也是周勃爵位的继承人，他能说出白马之盟，看来是把父辈们处心积虑的捏造完全当真了。

“非刘氏不得王，非有功不得侯”，对这个原则相信或不信，自然会导致历史研究的分道扬镳。不信派以吕思勉先生为代表，相信派以李开元先生为代表，各有各的道理。我倾向于前者。

如果这个原则是周勃那伙人编出来的，那么传到周亚夫这里时，就已经弄假成真，被当成历史事实了。

周亚夫言之凿凿，但挑战很快就出现了——有六名匈奴首领归降汉帝国，汉景帝准备封这六人为侯，希望借此高调表明朝廷的态度，诱使更多匈奴人归顺。周亚夫表示反对，道理冠冕堂皇。他说如果封这些归降者为侯爵，就等于奖励变节的人，这样的话，如果汉帝国有人变节，该以怎样的立场抨击他们呢？

汉景帝和丞相周亚夫就封侯问题产生了分歧。

1 详见《资治通鉴熊逸版》（第三辑）第 187 讲。

汉景帝中四年至六年

045
景帝和周亚夫谁更占理

价值观之争

汉景帝的观念，可以称为价值相对主义。在这种观念里，一种行为不存在绝对意义上的对与错，如何判断只取决于对自己是有利还是有害。汉景帝既然坐在汉朝皇帝的宝座上，那么汉朝子民叛逃到匈奴就是罪大恶极的，必须给予严惩，以儆效尤；而如果是匈奴人叛逃到汉帝国，那就要盛情款待，让人家宾至如归，形成示范效应，吸引更多的匈奴人叛逃过来。

而周亚夫的观念，则可以称为价值绝对主义。在这种观念里，背叛行为本身就是坏的，和具体谁背叛谁没关系，和自己是不是能够从中获益也没关系。这种价值观其实也有功利主义的基石，因为一旦鼓励了背叛行为，就相当于向全社会释放了一个坏的信号，做出了一个糟糕的表率，结果就是因小失大，为了贪图眼前这一点蝇头小利而败坏了世道人心。

价值观孰优孰劣没有一定之规，只看个人偏好，但如果拿效用当标准的话，还是可以评一评的。周亚夫的策略，效用一定高于汉景帝的。只不过周亚夫笨嘴拙舌，虽然说对了结论，却没给出最充分的理由。更糟糕的是，他对汉景帝的提案直接否决了事，没有给出更好的替代方案。

封侯在当时是一项很大的荣誉，是用来奖励重大贡献的，尤其是那些出生入死、覆军杀将的战功。一旦彻侯的爵位可以通过裙带关系获得，或者通过叛逃获得，让那些从死人堆里爬出来的武将们情何以堪？凡是玷污荣誉的事情，都会损伤士气。汉景帝如果把彻侯爵位授予外戚和降将，就等于让侯爵爵位贬值，以后还怎么带队伍呢？

当然，皇帝也是凡人，爱屋及乌，想对大舅哥好，这没问题，拿出多少私房钱给他都行；但不能授官，也不能赐爵，官和爵只能拿真本事来换。至于厚待那六名叛逃出来的匈奴首领，很应当，问题在于要有分寸，良田美宅、金银珠宝都可以给，但彻侯爵位断断不能给。

周亚夫免职

原文：

帝曰："丞相议不可用。"乃悉封徐卢等为列侯。亚夫因谢病。九月，戊戌，亚夫免。以御史大夫桃侯刘舍为丞相。

假如周亚夫当时能把这些道理说清楚，把替代方案也像这样摆出来，即便汉景帝还是不接受，但两个人的关系至少不会搞得那么僵。结果，汉景帝直接否决了周亚夫的意见，自顾自封六名匈奴叛将为侯。

按说领导层意见不一致是难免的，既然做出了决策，事情就该翻篇。但汉朝人是有性格的，周亚夫的表现和窦婴一样，自己的意见不被采纳，那就请病假。这是先秦贵族的流风余韵。现在周亚夫和窦婴也是贵族，有侯爵，有采邑，不靠工资过日子。请假和辞职也是一种贵族范儿的人设经营，表示自己任职就是来认真做事的，而不是来混工资的，既然事情做不来，还挣那份薪水，就属于尸位素餐。

汉景帝这次倒也痛快，不管周亚夫是真病还是装病，直接把他免职了事，由御史大夫桃侯刘舍接任。刘邦当初在项羽族人中封了项伯等四人为侯，赐姓刘，第一代桃侯项襄改姓成了刘襄，刘舍就是刘襄的继承人。

刘舍从御史大夫升任为丞相，御史大夫的缺便由时任太子太傅的卫绾补上。当上御史大夫，就相当于做了候补丞相。卫绾为人忠厚老实，没什么追求，和这样的人相处，显然比和周亚夫、窦婴等人相处舒服多了。

丞相的任命从周亚夫到刘舍，再到卫绾，皇帝的实权在不断加强。所谓中央集权的强化，意味着皇帝不仅要弱化诸侯国的实力，还要弱化中央政府的实力。只要大家都是软柿子，皇上自然就强硬了。

情与法

原文：

（四年）

夏，蝗。

冬，十月，戊午，日有食之。

景帝中四年（前 146 年），夏天有蝗灾，冬天有日食，一年就这么过去了。

原文：

（五年）

夏，立皇子舜为常山王。

六月，丁巳，赦天下。

大水。

秋，八月，己酉，未央宫东阙灾。

九月，诏："诸狱疑，若虽文致于法而于人心不厌者，辄谳之。"

地震。

景帝中五年（前 145 年），立皇子刘舜为常山王，赦天下，然后是水火之灾和地震。有政治意义的大事件，只有九月份颁布的一道诏书，说如有司法官员运用法律条文定人重罪，但人心不服的，应当重新议罪。

这段内容出自《汉书·景帝纪》，仅仅截取了诏书的最后一句。把诏书完整看下来，我们会发现这项制度有着很强的针对性，针对的是当时法律工作者贪赃枉法，"以苛为察，以刻为明"的不良风气。贪赃枉法自然要严厉打击，真正的难题在于怎么判断"以苛为察，以刻为明”。

今天我们看古装剧，衙门的牌匾不是“明镜高悬”就是“明察秋毫”，但如果事事如此，就真的好吗？连最细微的地方都查得清清楚楚，然后套用法律条文，法律怎么规定，案子就怎么判，貌似很公平。但问题是，法律是死的，人是活的，法律条文再多，也只是一个简单系统，而社会是一个复杂系统。用简单系统里僵化的条文，去套复杂系统里活生生的人，结果虽然合法，但不合人情，有违公序良俗。如果因此对法官追责，法官会一脸无辜地说：“我可是严格依照法律规定办事的，而且明察秋毫，眼里没揉一粒沙子。”

没办法，这就是条文法的先天缺陷。而要想“合情”的话，法官就需要有很大的自由裁量权。但新问题如影随形：甘蔗没有两头甜，法官越是有自由裁量权，权力寻租的空间就越大，也更容易被政敌抓到痛脚。执法的分寸到底应该怎样拿捏，实在不容易把握。

汉景帝试图扭转“以苛为察，以刻为明”的司法风气。此后他又陆续发布多道同样风格的诏书，总体意思是：判案不要死抠法律条文，也该照顾一下人情世故，别把案子办得法律上无懈可击，但正常人看了都愤愤不平。

张家山汉简《奏谳书》上有过明文记载，原话是

"律白，不当谳(yàn)"，意思是说，法律已经有明文规定该怎么判的案件，照着判就行了，不需要上报。[张家山二四七号汉墓竹简整理小组《张家山汉墓竹简二四七号墓》(释文修订本)] 但汉景帝觉得这样不合适，凡是合法却不合情的，还是上报处理，重新商议一下为好。

这样的司法精神显然充满善意，无论如何都算得上一种进步。但反过来看，皇帝不断强调司法精神，也说明了秦朝政治风格的惯性太强。而在这一时期，儒学还没有成为正统，儒家精神还没能推行到社群自治的程度，条文法的基因缺陷也不可能被强行铲除，断案从严从重自然就是大趋势。再说，判决如果轻了，照顾公序良俗了，司法官员就容易被人挑理，这样一来，就算没有徇私枉法的因素，他们也更愿意从严从重。

梁孝王薨

原文：

（六年）

冬，十月，梁王来朝，上疏欲留，上弗许。王归国，意忽忽不乐。

十一月，改诸廷尉、将作等官名。

春，二月，乙卯，上行幸雍，郊五畤。

三月，雨雪。

景帝中六年（前144年），新年伊始，梁王刘武再次进京朝见。诸侯王新年入朝，这是规矩。和皇帝见面的次数，在长安逗留的时间，都有规矩。刘武上疏，希望给自己破一下规矩，让自己多留一些天。

换作从前，这实在不是个事，但现在不一样了，汉景帝竟然没同意。梁王刘武的这次上疏，可以看作一次小心谨慎的政治试探，结果当即就试出了汉景帝的态度。刘武回到梁国，情绪特别低落。

汉景帝这边，继续调整官职名称，改廷尉为大理，改将作少府为将作大匠，等等。春二月，汉景帝到雍县祭祀五帝。春三月，有不合时宜的降雪。

原文：

夏，四月，梁孝王薨。窦太后闻之，哭极哀，不食，曰："帝果杀吾子！"帝哀惧，不知所为。与长公主计之，乃分梁为五国，尽立孝王男五人为王：买为梁王，明为济川王，彭离为济东王，定为山阳王，不识为济阴王；女五人皆食汤沐邑。奏之太后，太后乃说，为帝加一餐。孝王

未死时，财以巨万计，及死，藏府余黄金尚四十余万斤，他物称是。

夏四月，梁王刘武去世。刘武死得确实有点突然，明明年初还正常来过长安，这才几个月就死了。窦太后痛不欲生，一口咬定是汉景帝害死了梁王。汉景帝很烦躁，找姐姐刘嫖商量之后，将梁国国土一分为五，梁王刘武的五个儿子通通封王，五个女儿也都赐给了汤沐邑。窦太后听说了这些，情绪才好起来，多吃了一顿饭。

刘武死后，留下了巨额财富，单是黄金就有四十多万斤。当时的一斤大约合今天的半斤，那么刘武留下的黄金就有一百多吨，实在是惊人的数量。刘武的子女们，虽然封地比不上父亲，但只要没有政治野心，完全可以优游卒岁。至于汉景帝，从史料来看，他似乎是为了照顾窦太后的情绪，才勉为其难地想出这样一个雨露均沾的变通办法。但明眼人都看得出来，这正是“众建诸侯而少其力”的完美实施。那个强大到足以抗衡中央的梁国，从此不复存在。

046 飞将军李广是怎么华丽亮相的

减刑诏书

原文：

上既减笞法，笞者犹不全；乃更减笞三百曰二百，笞二百曰一百。又定棰令：棰长五尺，其本大一寸，竹也；末薄半寸，皆平其节。当笞者笞臀；毕一罪，乃更人。自是笞者得全。然死刑既重而生刑又轻，民易犯之。

汉景帝中六年（前144年）又下了一道减刑诏书，认为虽然废除了肉刑，减了刑，但刑罚还是失之过重，所以要继续减量。随之颁布了《箠令》，也就是体罚新规，其中每一项都落实到细节：打人只能打屁股；行刑过程中就算行刑者打累了，手上没劲儿了，也不能换人。总之，刑具和打法都标准化了，所有细节通通指向一个目标：别把人往死里打。

《汉书·刑法志》收录了减刑诏书的详细内容，说之所以颁布这道诏书，是因为汉景帝发现有些被判体罚的犯人还没等体罚结束就咽气了，所以动了恻隐之心。那么，政策的效果怎样呢？班固有评论，说真的救活了不少人，但存在两个问题：一是酷吏要是想整人，依然可以做手脚；二是死刑太重，以至于很少用到，体罚类的刑罚又太轻，对老百姓起不到震慑作用。

班固这两个问题，前一个没法解决，因为规章制度无论定得多么细，多么面面俱到，也是有限的，而现实社会的复杂性是无限的；至于第二个问题，相当于多数情况下，违法成本太低，反而变相鼓励了违法行为。

一个社会没有惩罚，就没办法维持秩序。不过，在编户齐民的基本国策下，人们大都被束缚在户籍所在地，这样的环境，虽然不再是宗法时代的熟人社会，但只是没有了宗法纽带而已，实际上依然是个熟人社会。而在熟人社会里，社会性死亡是一种极为要命的惩罚，可以在相当程度上弥补国法的缺失。

空城计

原文：

六月，匈奴入雁门，至武泉，入上郡，取苑马；吏卒战死者二千人。陇西李广为上郡太守，尝从百骑出，遇匈奴数千骑，见广，以为诱骑，皆惊，上山陈。广之百骑皆大恐，欲驰还走。广曰："吾去大军数十里，今如此以百骑走，匈奴追射我立尽。今我留，匈奴必以我为大军之诱，必不敢击我。"广令诸骑曰："前！"未到匈奴阵二里所，止，令曰："皆下马解鞍！"其骑曰："虏多且近，即有急，奈何？"广曰："彼虏以我为走；令皆解鞍以示不走，用坚其意。"于是胡骑遂不敢击。有白马将出，护其兵；李广上马，与十余骑奔，射杀白马将而复还，至其骑中解鞍，令士皆纵马卧。是时会暮，胡兵终怪之，不敢击。夜半时，胡兵亦以为汉有伏军于旁，欲夜取之，胡皆引兵而去。平旦，李广乃归其大军。

当年六月，匈奴攻入雁门郡和上郡，劫掠官方马场，汉帝国战死二千人。

胡三省在注释里讲到，汉景帝在边郡设置三十六所马场，归太仆管理，有官方奴婢三万人，养马三十万匹。那么平均来看，每座马场有近千名奴婢，养马近万匹，规模惊人。这种规模的养马，显然有备战的意图。繁育战马只能在西北牧场，内地养的马只能用来拉车，所以历朝历代，只要西北牧场丢了，华夏政权的战斗力就会大打折扣。从这段记载中，我们还能看到一个惊人的社会现象，那就是奴婢太普遍了。为朝廷养马的是所谓“官奴婢”，富贵人家还养着私家奴婢。

晚清学者尚秉和有一部《历代社会风俗事物考》，顾名思义，就是归纳历朝历代那些特别醒目的社会现象，提到汉代，说“汉奴婢之多空前绝后”。（《历代社会风俗事物考·卷三十四·奴婢佣赁》）如果说大规模使用奴隶劳作和奴隶的普遍化是奴隶社会的核心特征，那么汉朝该不该算奴隶社会，就是一个有争议的问题了。

古汉语里，男性奴隶称奴，女性奴隶称婢。官营牧场里负责养马的三万名奴婢，有男有女。就在汉帝国大规模使用奴隶养马，匈奴侵入雁门郡和上郡抢马的日子里，上郡太守李广和匈奴之间发生了一场规模不大却惊心动魄的交锋。

这是飞将军李广在《资治通鉴》里的华丽亮相。李广带着百来名骑兵外出，遭遇了几千人的匈奴军队。双方都猝不及防，就像俗话说的“麻杆打狼，两头害怕”。汉军看到几十倍于己的敌人，害怕是很正常的。而匈奴看到汉军人数这么少，以为是诱敌的小分队，附近一定藏着千军万马，所以也很紧张，非但没有发动攻击，反而上山列阵，严防死守。汉军应该如何应对，特别考验指挥官的胆色。

李广以进为退，不但主动接近匈奴军阵，而且在靠拢之后，下令全军下马解鞍。要知道，骑兵一旦下了马，解下马鞍，就失去了及时反应的能力。见士兵们很不理解，李广解释说：“咱们距离大部队足有几十里，想跑肯定跑不掉，不如做戏做到底，让匈奴误以为咱们是负责诱敌的小分队。他们只要信了，就不敢追杀咱们。”

李广的策略，就是我们熟悉的空城计。看到《三国演义》空城计的故事，我们难免会有一种怀疑：司马懿如果头脑正常的话，就算大军不敢轻举妄动，怎么都该派出一支小分队，进城探探诸葛亮的虚实吧？是的，这才是正常人的正常反应。在李广的空城计里，匈奴的反应就很正常——大队人马不动，一名骑白马的将军带着一支小分队向汉军靠近。李广应变神速，率十几名骑兵疾驰而出，射杀白马将军，然后回归本队，下马解鞍，令士兵让战马卧在地上休息，静若处子，动若脱兔。此时天已黄昏，匈奴人疑神疑鬼，好半天拿不定主意。就这样耗到半夜，匈奴人终于撤了。

追击射雕者

《资治通鉴》采录这段内容，足以刻画李广有勇有谋、沉着机智的形象，但在这样一个多事之秋，在危机四伏的边境地带，李广怎么就落单了呢？他身为上郡最高军政长官，行动是不是太草率了呢？

李广这次落单，事出有因，只是《资治通鉴》没讲。关于李广一生的事迹，最原始的史料来源是《史记·李将军列传》，这是《史记》全书最出彩的传记之一——也许没有“之一”。正因为司马迁写得太好了，文学性和情感冲击力都太强，以至于李广身上的缺点都会被我们当成优点来看。

从《史记》的记载来看，当匈奴大举入侵上郡时，汉景帝派了一名他很宠信的宦官跟李广学习抗击匈奴的技巧。这样的宦官当然不会是伺候后宫妃嫔的娘娘腔，而是一名骑射高手。但是，强中自有强中手。某天，这位宦官带着几十名骑兵正在纵马奔腾，偶遇三名匈奴人。众寡悬殊，正常反应自然就是冲上去小试牛刀，没想到，汉军几十人却被这三名匈奴人几乎打了个团灭。宦官大人带着伤逃到了李广的所在，李广做出判断:“你们一定是遇到射雕高手了。”

李广的原话是:“是必射雕者也。”射雕者是匈奴人中的箭术大师,但应该并不是字面意义上的射雕英雄。雕是猛禽,飞行速度快,飞得也很高,远远超出了弓箭的射击距离。所以,所谓“射雕者”,说的并不是这些人真的可以弯弓射大雕,而只是一种夸张的形容。李广本人就是天下无双的箭术大师,但即便是他,也没有射雕的本事。事实上,李广赖以成名的骑射功夫并不是什么百步穿杨,而是不断逼近敌人,一定等敌人近到几十步之内,自己有了十足的把握之后,才一击必杀。

古代战斗,最重要的武艺就是骑射,其次是在地面射击,总而言之都是一个“射”字。射箭有几条技术要领:要想射得远,就万箭齐发,射抛物线,不需要瞄准;要想射得准,并且射中移动目标,就只能近距离射击,射直线;如果是骑射的话,要想在颠簸的马背上精准射击,距离就必须进一步缩短。李广正是因为艺高人胆大,追求这种一击必杀的效果,往往身陷险地,结果要么御敌时被敌军重创,要么打猎时被猛兽弄伤。所以,跟在李广身边打仗,伤亡的风险远高于平均值。

话说回来,判断宦官大人是遇到了匈奴的射雕者之后，李广大概是技痒了，带着百来号人出门追击。等追上了，李广命令手下分成左右两翼，进行包抄，然后亲自出击，以一敌三，射杀两人，生擒一人。最后证实，对方果然是匈奴射雕者。正是在这时，李广这支小部队遭遇了匈奴的大部队，这才有了《资治通鉴》采录的这段惊险内容。

履历污点

李广是秦国名将李信的后人，家在陇西郡成纪县，也就是汉文帝时代黄龙现身的地方。汉代西北地区有天水、陇西、安定、北地、上郡、西河六座边郡，合称六郡。六郡当中清白人家的子弟被称为“六郡良家子”，是朝廷征兵择将最重要的人才库。汉文帝时代，李广正是以六郡良家子的身份从军入伍，抗击匈奴，并且以精湛的骑射技艺斩首立功，获得升迁。

景帝时代，李广追随周亚夫平定“七国之乱”，表现突出，以至于梁王刘武很看重他，以将军大印相授。李广没想到的是，这件事反而成为自己履历表上的一大污点——毕竟，身为朝廷武官，怎么可以擅自接受诸侯王的聘用呢？避嫌意识比什么都重要。

就这样，李广虽然有功，却并未得到朝廷的封赏。

后来李广就任上谷太守，每日和匈奴交战。有位名叫公孙昆邪（hún yé，又作浑邪）的官员对他既欣赏，又心疼，哭着向汉景帝求情，说李广才气天下无双，这样的人才，朝廷要小心爱护，如果让他连番和匈奴作战，恐怕他会过早地死在战场上。

047

李广为什么一再“难封”

李广难封

这位公孙昆邪，在平定“七国之乱”时曾和李广并肩作战。李广因轻率接受了梁国将军印，而被朝廷冷处理了，公孙昆邪则正常地因功封侯，担任陇西太守。[1]

这是汉景帝前六年（前 151 年）的事，同时因军功封侯的还有卫绾、程嘉、苏嘉、栾布。(《史记 · 孝景本纪》) 如果只论军功，李广本该在这时封侯，就因为政治态度草率，所以失去了这个机会。

早在汉文帝时代，李广就因战斗能力出众，很受文帝青睐。文帝有过一句很著名的感慨，说可惜李广

1 《史记·孝景本纪》：“六年春，封……陇西太守浑邪为平曲侯”。《史记·惠景间侯者年表》：“以将军击吴楚功，用陇西太守侯，户三千二百二十。”

生不逢时，如果生活在刘邦时代，“万户侯岂足道哉”。（《史记·李将军列传》）

奇怪的是，汉文帝时代虽然算一个和平年代，但来自匈奴的威胁依然很大，文帝甚至一度热血上头，筹备御驾亲征，李广怎么可能缺少立功受赏的机会呢？如果汉文帝的感慨真有其事的话，那只能说明就算和匈奴作战时打赢了，无非是把匈奴赶跑了，并没有大规模伤敌。所以，任凭李广才气无双，终汉文帝一朝也只做到八百石级别的武骑常侍，也就是皇帝身边的警卫员。后人感叹“李广难封”，说李广这么大的本事，这么旺盛的干劲儿，却总是跟封侯无缘，这第一阶段的“难封”就在汉文帝时代。

到了景帝时代，爆发了“七国之乱”，有内战可打了，杀敌人也可以上规模了，封侯的良机来了。但很可惜，李广又错过了。

调任西北

当然，李广太耀眼，虽然职称评不上，但职务总是可以给的。这样一来，李广就做到了上谷太守，和公孙昆邪的陇西太守是平级关系。李广有职务，没职称，不但说出来不好听，而且只能拿职务津贴。而公孙昆邪既有职务，又有高级职称，除了和李广一样拿太守的职务津贴外，还有食邑三千二百二十户。这三千二百二十户人家，年年都要拿出一部分产值来供养公孙昆邪，他们的子子孙孙也要同样供养公孙昆邪的子子孙孙。这样一比，李广如果心里有什么怨气的话，也是很可以理解的。他在上谷太守任上连番和匈奴力战，不知有没有发泄情绪的因素。

公孙昆邪看不下去，哭着向汉景帝建言。后来李广被调任上郡太守，又历任陇西、北地、雁门、代郡、云中太守，总之一直都在边郡兜圈子。而无论在哪儿，他都以力战知名。

李广原先担任上谷太守，上谷就是今天的河北和北京一带，并不是匈奴的攻击重点，反而他后来调任的那些西北边郡才是防御匈奴的高危地带。汉景帝的心态可能是这样的：李广既能打又爱打，那就去西北好了，让他打个痛快。反正匈奴和李广都很讨厌，那就把他们扔到同一个笼子里，让他们互相伤害。

这个时候，汉景帝的寿命只剩下三年。李广是怎样在西北边郡度过这三年的，史料并无记载。要等到汉武帝继位，李广才会继续他那跌宕起伏、令人无限唏嘘的人生。

郅都之死

原文：

秋，七月，辛亥晦，日有食之。

自郅都之死，长安左右宗室多暴犯法。上乃召济南都尉南阳宁成为中尉，其治效郅都，其廉弗如，然宗室、豪杰皆人人惴恐。

回到景帝中六年（前144年），秋天发生了日食。就在匈奴侵入西北边郡，到皇家牧场抢夺官马时，大长安地区的内政也不太平。从太平退化为不太平，主要是因为郅都死了。

京畿重地，本应是首善之区，而不好治理，是因为皇亲国戚和达官显贵太集中了。随便拎出一个人来，不是有特权，就是有关系，或者有钱。只有郅都看不到这些，铁面无私、六亲不认，就连前任太子犯在他手里，都得不到半点通融。郅都死后，大长安地区的富贵人家终于长吁一口气，呼吸到了久违的自由空气。他们舒服了，皇帝就该头疼了。

对于皇亲国戚违法乱纪，皇帝不方便亲自干涉，按说可以交由宗正处理，但宗正本身也是皇亲，就不得不对亲戚们讲点情面。皇帝怎么解决这个问题呢？

经典套路是有的，就是假手于外人。看看历史，战国年间楚国搞改革，要侵犯贵族的利益了，国君就请来吴起这个外人，大刀阔斧，雷厉风行。[1]

外来高管的利益完全绑定在最高统治者一个人身上，就像郅都的价值观：既已离开父母，走上官场，哪怕搭上性命，也应当尽职尽责，就更顾不得家人的死活了。但这种打法，最大的风险就是被君主用过即弃，郅都就落得了这样一个结局。

君主倒无所谓：一来用过即弃，正好缓和自己和亲戚们的关系，把屎盆子都扣在酷吏头上；二来国家规模越大，人才储备越多，要提拔几个酷吏还不容易吗？于是，汉景帝召济南都尉宁成进京，担任中尉，做郅都的接班人。

狠人宁成

“七国之乱”平定之后，济南国撤国为郡，郅都出任郡守，刚好是宁成的主管领导。要说郅都这辈子对谁展现过柔软的一面，那恐怕就是宁成了。郅都虽是个狠人，但只是总结出一套六亲不认的价值观，用来

1 详见《资治通鉴熊逸版》（第一辑）第 072 讲。

约束自己，本质上还是个正常人，而宁成却是个天生的狠人，谁敢得罪这样的家伙呢？

那么问题来了：郅都只要做好自己的本分就行，何必让宁成一头呢？因为宁成属于职场当中很罕见的类型。他是郎官出身，好胜心很强，而且外露。做基层人员时，他非要压上级一头，等他开始管人了，就一定要把下属收拾得服服帖帖。《史记》形容宁成“操下如束湿薪”。薪就是烧火用的柴禾。樵夫上山砍柴，要把柴捆起来带走，干柴不容易捆牢，但湿柴很容易。宁成管理下属就像捆湿柴一样，绝不给人一点自由空间。

对管理者来说，严格管理下属有问题吗？更何况宁成的下属都是公职人员，管理松了，他们欺负老百姓、吃拿卡要怎么办？所以后人形容某人做官“操下如束湿薪”，未必就是贬义。比如，清朝初年，邵长蘅为方国栋撰写行状，夸他这好那好，优点之一就是管理基层员工如束湿薪，但对读书人和老百姓特别和蔼可亲。（［清］钱仪吉《碑传集 · 卷七十九 · 中宪大夫江南布政使司参议分守苏松常道方公行状》）

人们很容易欣赏方国栋这样的官员，但看宁成的做派都会觉得不正常。职场当中，恃才傲物、目无尊长的人不在少数，但这种人一般不会欺负下属；在下属面前作威作福，让下属做牛做马的人也不在少数，但这种人在上级面前总是胁肩谄笑。宁成的与众不同之处在于，他既傲视长官，也凌虐下属，对上对下一视同仁。按理说，这样的人注定两头不讨好，没两年就该被人排挤掉了。三国时，吴国重臣诸葛恪就是这样的人。名将陆逊劝过他："君气凌其上，意蔑乎下，非安德之基也。"（［明］文震孟等《吴中小志续编·荆州牧陆公抗》）诸葛恪没听劝，下场就是夷三族。但宁成不一样，不但立得稳，还不耽误升职。

宁成升任济南都尉，做了郅都的下级，照例要在他面前"气凌其上"，好好摆摆谱。其实都尉和郡守在级别上相差很小，设置成两个职位，只是出于在地方政府搞分权制衡的考虑，所以都尉见郡守，不必真的拿出下级拜见上级的礼数。只不过郅都何许人也，以前的历任都尉对他都恭恭敬敬，自降一级身份。只有宁成，别说请人通报了，行礼拜见之后，他就径直从郅都面前走过，占了上首位置。郅都早就听过宁成的名声，非但不生气，反而对他特别好，放低姿态和他搞好关系。狠人遇到了更狠的人，马上就能退后一步，占好新的生态位。

那么，宁成做济南都尉做出了怎样的政绩呢？若干年后，汉武帝考虑要不要让赋闲在家的宁成出任郡守，时任御史大夫公孙弘赶紧劝阻，说自己当年在山东地区做小职员，正值宁成担任济南都尉，宁成做事怎么样，自己是有切身感受的。公孙弘形容宁成“其治如狼牧羊”，意思是说，宁成的管理风格，就像狼在放羊一样。如果让这样的豺狼当郡守，治理绵羊一般的百姓，那可万万使不得。(《史记·酷吏列传》)

宁成就是这样的豺狼，所以汉景帝要找人接替郅都时，宁成顺利入选。宁成进京担任中尉，办事风格效法郅都，只不过不像郅都那样廉洁。皇亲国戚和豪强大族还是很怕他。

郅都能够铁面无私，是因为打铁还需自身硬，做人做事滴水不漏，让人轻易挑不出毛病，若不是窦太后亲自出手，别人未必拿得住他。宁成在这一点上达不到郅都的标准，任职越久，破绽就越多。所以在这个特权人物遍布的地方，宁成只可能威慑一时，迟早要被人揪住破绽往死里整。当然，皇帝是不会介意的，反正酷吏的人选有的是。

原文：

城阳共王喜薨。

本年度的最后一件大事，是城阳王刘喜的过世。

刘喜是刘肥之孙，刘章之子，他死后，王位还会继续传承好几代人，但城阳国的实力和政治影响力注定会不断削弱，这是大势所趋。